障害者家族の老いを生きる支える

Risa FUJIWARA
Tomoko TANAKA
YUTAKA FUKUSHIKAI

北星学園大学短期大学部
藤原里佐

佛教大学社会福祉学部
田中智子

社会福祉法人
ゆたか福祉会

編著

クリエイツかもがわ
CREATES KAMOGAWA

prologue

50周年を経て高齢化の課題に取り組む

ゆたか福祉会が日本ではじめての障害者「共同作業所」として、障害者と家族の「働きたい」「働かせたい」との願いに応えての、この名古屋市の地で「ゆたか共同作業所」を設立し出発してから、50周年をこえて、働く場から生活の場へ、そして地域でのさまざまな障害者・高齢者のみなさんの支援の取り組みを展開してきました。この間、ゆたか福祉会と関わってこられた、障害当事者、家族、職員のみなさんの高齢化は顕著であり、実践においても、事業運営においても大きな課題となってきました。

本書は、こうした高齢化が大きな課題となる中で、仲間（障害当事者利用者）と家族のおかれた現実について、ゆたか福祉会の作業所やグループホーム、生活施設などさまざまな事業を利用しているみなさん６００名に近い人々の本格的な実態調査を、研究者、藤原里佐（北星学園大学短期大学部）、田中智子（佛教大学）両氏の全面的なご協力を得て行い、そこから何がみえるのか、何が求められているのかの分析と考察を行っていただきました。また、高齢化に直面した現場での支援に取り組む職員のみなさんの実践などをまとめたものです。

今日、日本の社会全体が人口減少、高齢・少子化が大きなテーマとなり、地域での一人暮らしなど、高齢者のみなさんの生活と困難が大きな課題となっています。
また、全国で歴史を重ねてこられた、障害者施設や事業が共通して直面している課題ではないかと思います。私たち名古屋でのささやかな取り組みが参考になればと思い、本書を編纂し、発行しました。全国のみなさんの今後の事業の参考にしていただければ幸いです。また、本書の内容について、率直なご批判とご意見等いただければ幸いです。

2023年8月

社会福祉法人ゆたか福祉会　理事長　鈴木清覺

ケアする障害者家族の「老い」

ゆたか福祉会「高齢化プロジェクトの発足」

筆者と田中智子は、それぞれの地域で、障害児教育、障害者支援の実践に携わり、障害者の家族と出会った。特に、障害のある子どもの「最も近くにいる支援者」と目される母親から、子どもの養育に関わること、家族の生活歴、自身の障害観などを聞く機会に恵まれてきた。

子どもの障害が診断される前後の不安や葛藤、障害児の親に期待されてきたケア役割の多面性、子どもの学校生活や社会参加を支えるための関係機関との連携等、母親の半生と子どもの支援経過が重なるというストーリーを我々は知ることとなった。つまり、障害者だけではなく、家族もまた、さまざまな面で、当事者性をもっていることに気づかされたのである。

子どもの尊さ、障害児を育てる親としてのアイデンティティ、共に活動を続けてきた親、仲間との結束等は普遍的であり、子どもの養育を熱心に担ってきた家族の証でもあったが、その半面、母親は、子どもの「専門家」であることを社会的に期待されることのストレスや、ケアの代替え者がいない生活の長期化に伴う心身の負担感を抱いており、また、就労の中断やきょうだい児の育児からの疎外などを経験していることもわかった。

障害当事者への支援の優先性を認識しつつも、障害者家族の困難性は、なぜ、黙認されるのかという点で、田中と藤原の関心が一致し、これまで、共同研究を続けてきた。障害者への支援は、障害当事者のニーズによるものであり、障害者の家族を当事者とみなすという観点からの研究は、活発とは言えない状況の中で、筆者らは家族の実態を可視化することを試みてきた。

障害者福祉の制度が発展しつつも、知的障害児者の暮らしは、家族が直接的、間接的に支援することで可能になり、家族という資源が、そこに組み込まれることで成立するというあり方に、問題提起をしてきた。また、家族に依存するケアは、障害者の親が高齢化することで困難性を帯び、成人期の障害者がどこで誰と暮らすのかという不安を顕在化させる。特別支援教育の現場や、障害者の作業所等で知己を得た母親が高齢化し、暮らしの場の移行に伴う葛藤、在宅生活の限界等、いわゆる親亡き後の不安が高まっていることが、本研究の動機でもある。

また、「親亡き後の問題」は、障害者が利用し得る社会資源が極めて欠乏していた時代から、今日に至るまで、解消されていないテーマであり、次世代にも残されていく課題であることも明らかである。

こうした問題意識をもとに、高齢期の障害者家族の生活実態、ケアの引き継ぎや分散の実際、制度やサービスのニーズを詳らかにしたいと考えていた私たちは、ゆたか福祉会との共同研究の機会を得ることになった。ゆたか福祉会の沿革は、1969年に日本で最初の「共同作業所」として発足をしたゆたか作業所に始まり、設立から50年余りを経て、家族の高齢化、仲間の加齢化が懸念されている。

ゆたか福祉会では5年ごとに中長期の計画を立案しており、今回、第6期総合計画（2018年～2023年）を検討するに際し、高齢期の障害者家族の実態調査を行うことになった。そこで、私たちは、高齢期家族への調査、高齢期の仲間や家族を支える職員へのインタビューを企画立案し、高齢期家族へのインタビュー、ペアデータとしての職員への聞き取り調査、そして、高齢期家族へのアンケート調査を実施するに至った。

そして、ゆたか福祉会職員が日々の実践を通して築いた知見を交えて、高齢期家族の実態を考察し、今後の支援のありかたを検討することが肝要と考え、２０２０年より、ゆたか福祉会「高齢化プロジェクト」の下で、計13回の研究会を行った。その成果の一つが本書の出版である。

なお、本研究は、科学研究費助成事業の助成を受けている。障害児者家族の高齢化とその諸相―親役割の長期化と「限界」（２０１５－２０１８基盤研究(C)研究代表藤原里佐）、成人期障害者におけるＱＯＬの規定要因―親の高齢期から「親亡き後」への移行プロセス（２０１９－２０２３基盤研究(C)研究代表田中智子）。

調査実施に際しては、依頼文および、聞き取り調査内容を調査協力者に明示し、研究目的、個人情報の取り扱いに関する同意文書で提出の上で、調査を開始した。北星学園大学人を対象とする研究倫理審査（２０１６年８月９日付、許可番号「16－研倫４号」）、佛教大学「人を対象とする研究」倫理審査委員会（２０１９年５月24日承認、承認番号２０１９－６－Ａ）の承認を得ている。

以下に、本書の全体構成と各章の概要を記しておく。

● introduction 「ゆたか福祉会の歴史と家族の高齢期課題」

ゆたか福祉会の50年の歴史は知的障害のある人たちの働く場＝作業所づくりに始まるが、それと前後し、１９７０年代に、「暮らしの場」の必要性が謳われている。未だ、グループホームがない時代に、親亡き後に引き続き作業所に通い続けるためには、暮らしの場づくりが不可欠であることを問題提起し、それが運動となっていく。

そして、暮らしの場づくりの方向性が見えた、1990年代には、障害者の高齢化・加齢化をゆたか福祉会では新たな問題として認識し、そのための方策が練られていく。「仲間」たちが直面していること、家族が求めていることに個別に対応すると共に、その広がりや深さを察知し、まさに、先駆的にその解決を図ってきたゆたか福祉会の歩みを知ることは、日本の障害者福祉の歴史を俯瞰することにもつながる。

●Part 1　障害者家族の高齢化に伴う生活問題の諸相

子どものケアを長期的に担ってきた家族が高齢化することは、在宅生活の困難であり、親の高齢化を想定し、親元から自立をすることが知的障害者の成人期の課題とされてきた。施設やグループホームに暮らしの場が移行することは、子どもの自立であり、親役割のゴールとも捉えられてきたが、離家後のケアを家族はさまざまに担っている。暮らしの場における日常生活のケア、日中活動の保障は、社会的な支援に委ねられていくが、社会生活や余暇活動の充実、家族・親族とのつながりや交流を維持するために、高齢の親が動き、支えるという実態がある。地域でのあたりまえの暮らしを願い、実践してきた家族は、家庭帰省や面会、外出を重視し、集団生活から離れる場面や、個の時間の確保を意識している。

成人障害者のQOL向上を高齢期の親が担い、また、体調や体力低下によって、それが徐々に困難になるプロセスは、まさに、親亡き後の不安につながる。その不安が何によって形成され、また、軽減、解消するのかということをふまえつつ、家族の高齢化に伴う諸相をみていく。

●Part 2　障害者家族の老い（障害者本人・家族・職員、それぞれの経験）——全数調査からの考察

2019年、ゆたか福祉会の障害福祉サービスの全利用者を対象とした量的調査を実施した。家族の高齢化は、障害当事者、家族の生活に、どのような影響を与え、また、その実態を家族、支援者はどう捉えているのか。高齢化に関する認識、暮らしの場の移行、離家後の家族関係などについて、家族・障害者当事者・職員間の意向とその実際を明らかにすることが調査の目的である。このことが、ケアの引き継ぎや分散化／社会化を検討する上で、重要な要素となると考え、社会的支援の今後のあり方を探るという観点で考察をする。

●Part 3　障害者家族の生活歴と支援経過に学ぶ——高齢期を迎えての暮らしの変化に着目して

障害者の親は、自身の高齢期に子どものケアをどのように担い、あるいは、社会的ケアに委ねていくのか、家族へのインタビューを通して検討していく。また、子どもの支援者として、時に、家族の生活にも関わってきた職員は、その経過をどのように捉えているのか、担当職員への聞き取り調査を行った。

ここでは、障害者とその家族に寄り添い、在宅から施設入所までを長期的に見守り、関わってきた職員による、ケーススタディと、家族へのインタビューと職員への聞き取り調査をペアデータとした

4ケースを記載する。またコラムは、障害者家族の一番近くで家族と関わり、家族の生活の変化を見守ってきたからこその気づきや、支援観が職員の視点で描かれている。

●Part 4　座談会・次世代の職員が語る家族支援

ライフステージを通して、障害当事者とその家族は、ゆたか福祉会の事業所に帰属していることに大きな安心感を得ていることがうかがえる。それは、伝統と実績のある事業所だから信頼されているという説明になりがちであるが、一人ひとりの職員の支援観はどのように形成されているのだろうか。10年前後の勤務歴がある職員に、障害者と家族とに関わる上での経験、各職場の支援態勢、ケアの質と量とを追求する上での現場での矛盾点などを忌憚なく話す場として、座談会を行った。

家族が高齢化し、障害のある子どもも加齢化する中で、現場で求められていることは多様化し、家族に寄り添う場面が増えていることも明らかである。種々の課題がある中で、ゆたか福祉会がめざすことは何かを再考するきっかけとして座談会を位置づける。

●Part 5　過渡期にある障害者家族の老いる権利

本研究の調査協力者は、障害者運動の歴史と共に歩んだ家族でもある。子ども期には、就学先をめぐる運動を展開し、学齢期終了後は、作業所づくりに関わり、そして、親亡き後を見据え、暮らしの場の保障を検討してきた。いわば第1世代の障害者の親が高齢化を迎え、子どもの自立、離家後の支援のあり方を模索している。

では、親が老いを生きることに関して、子どもは、そして職員は、その経過と事実に対して何ができるのか。疾患や体調不良を抱えた高齢の親と、施設やグループホームで暮らす子どもが、会うこと、同じ空間で過ごすことさえも、そのハードルが高いことが現状である。制度では保障されていない、高齢期の家族が願う「あたりまえのこと」を、ゆたか福祉会では、これまで種々の努力と工夫で担ってきた。この点を再認識しつつ、高齢期の家族の言葉に学びつつ、老いる権利のこれからを展望する。

なお、本書においては、紹介した障害当事者・家族はすべて仮名である。また、障害は個人の属性としての「Impairment」にあるのではなく、社会との相互作用によって生じるものであるという認識から、「障害」「障害者」と表記している。文中に登場する「仲間」という表現は、ゆたか福祉会で創世期から使われてきた、障害のある人を指す呼称である。支える人、支えられる人という、一方的な関係性ではなく、障害のある人もない人も、「共に働く仲間」として、「仲間」という呼び名が、今も、ゆたか福祉会では使われているため、本書の文中においても用いている。

（藤原里佐）

CONTENTS

Part 2

障害者家族の老い（障害者本人・家族・職員それぞれの経験）――全数調査からの考察　51

Part 3

障害者家族の生活歴と支援経過に学ぶ

――高齢期を迎えての暮らしの変化に着目して

introduction

ゆたか福祉会の歴史と家族の高齢期課題

はじめに

ゆたか福祉会第一号の事業所である「ゆたか共同作業所」が1969年に誕生して50年が経過した。ゆたか共同作業所が開設された1960年代、働くことが難しいとされた中重度の知的障害者は、学校を卒業した後に行く場がなく、在宅生活を強いられていた。ゆたか共同作業所は、このような「働けない」「働くことは無理だ」と言われていた障害者に対し、学校の教師、親たちが「自分たちで子供たちの通う場を作ろう」と、ゆたか共同作業所の前身である名古屋グッドウイル工場を立ち上げ、その後のゆたか共同作業所の設立、そして、社会全体を巻き込んだ共同作業所運動につながるのである。

共同作業所運動が全国的に広がった要因として、運動が大事にしてきたいくつかの点が深く関係していた。

一つ目は、共同作業所作り運動は、単に働く場を作るという運動ではなかったということである。障害者の「働きたい」という要求を、働く場の確保だけでなく、労働の発達と生活保障の権利として捉え、運動が展開されていった。つまり、発達保障の観点から実践が展開されたのである。

二つ目は、障害者を主人公にした実践が行われてきたということだ。現場では障害当事者同士の話し合いや、一人ひとりの要求を引き出す実践が丁寧に行われた。また、人間としての当たり前の願いや要求を実現するプロセスを通して、「当事者も含めて関わる人たちが人間的人格的な成長を促す」そのような要素をもっていたことも共感を広げる大きな要因となった。

三つ目は障害者の「働きたい」という想いを軸にして、その家族や関係者を巻き込みながら、幅広い人たちによって、共同、共感の幅を広げる運動が展開されたことである。

障害者、家族が抱えている問題の解決方法を当事者も含め、幅広い人たちとの連携を通して考え、実現していった。障害者問題を関係者だけの問題にとどめず、広く社会に訴え社会問題として位置づけたことも大きかったと言える。また、共同作業所作り運動の精神は、その後の暮らしの場づくり運動にも引き継がれていくことになるのである。

1　暮らしの場づくりのはじまり

障害者の働く場が全国各地に広がっていく中で、ゆたか福祉会の関係者にとって「暮らしの場づくり」は、主に家族にとっての切実な願いであり、法人にとって重要な課題となっていた。

親亡き後の暮らしの場の問題が現実の問題となったのは、1976年「みのり共同作業所」の利用者で、母子で生活されていたスミコさんの母親が亡くなられた時であった。親の高齢化からくる家族介護負担の問題が、多くの利用者の共通の問題となってくる中での出来事であった。また、当時は名古屋市内には現在のような障害者のグループホームがない状況でもあった。

母を亡くしたスミコさんの希望は「みのり共同作業所に通い続けたい」「遠くの知らない施設に行きたくない」というものであった。スミコさんの願いをきっかけに1977年に「通勤寮・社会教育センター建設実行委員会」と「生活施設検討委員会」が法人内に立ち上がり、検討が始まった。職員集団でどのようなことを行えばスミコさんの願いを実現することができるのか議論を積み重ねた。連日の議論を通してスミコさんの願いに応え、みのり共同作業所に通えるようにすることと、地域での生活ができるようにしていくこと、必要な生活の場を何とかつくっていこうとなった。また、実情を親、家族の皆さんに説明し、この問題はスミコさんだけの問題ではなく、みのりに通う仲間、親の共通する問題であり、一緒に考えていこうとホームづくりの運動が開始された。結果的に単身女性職員の住むアパートの隣の部屋に住む形で何とかスミコさんの暮らしを支えられることになった。

現在のようなグループホーム制度がない中、職員がボランティア的な形でスミコさんの暮らしを支えるというものであった。この当時の様子をスミコさんの妹が作文集の中で次のように書いている。「職員の方や親の会が、姉のことを心配し、今後どうするか話し合ってくれた。他人が自分たちのことについて真剣に話し合ってくれることに対して、今まで味わったことのない感激を覚えた。姉の四十年の人生で、今が一番歓びに満ちた幸福な生活ではないでしょうか」と綴られている。

スミコさんの問題を出発に、いよいよ本格的に生活施設づくりに着手される。「親亡き後の問題」と「住みなれた地域で暮らしたい」という家族・利用者の願いに応えて、法人内には１９７９年に「共同ホーム検討委員会」の取り組みが始まる。検討委員会のメンバーで他県の生活施設にも見学に行った。名古屋市の福祉課にも暮らしの場の制度化をしてほしいと要望を訴える運動も行った。

また、当時は「ゆたか作業所」「みのり共同作業所」の両作業所ができる中、「親亡き後の生活保障」という家族の願いと、「24時間利用者の生活を支援したい」という職員の思いをきっかけに、ゆたか福祉会初の生活施設づくりがスタートしたのもこの時期である。労働と生活・教育を統一したみんなの願いに沿った新しいタイプの施設を創ろうと「障害者が人間らしい生活をめざす施設づくりの会」が結成され、その後の入所更生施設「ゆたか希望の家」の建設につながっていった。

入所施設づくりとほぼ同時進行で、「地域の中で、少人数で、自立した生活を求めて」めざす共同ホームの必要性をより多くの人に知ってもらおうと、仲間、家族、職員の願いを綴った文集「ひとりのねがいをみんなのねがいに」を78年から93年にかけて第3号まで発行した。この取り組みにおいては、日ごろ文字を書くことを苦手にしているお母さんたちが、毎夜鉛筆を手に用箋とにらめっこしながら、「わが子のために」の思いから職員に励まされ、一字一字書き綴った貴重な作文が寄せられた。この文集はマスコミをはじめ多くの関係者に普及され、共感と感動を広げていった。

当時あった「ゆたか作業所」「みのり共同作業所」「なるみ作業所」の3作業所の家族会を中心に施設建設の資金づくりを取り組み始めた。このような取り組みが関係者の共感の輪を広げ、暮らしの場づくり運動を発展させ、後の名古屋市のグループホーム制度づくりにつながっていくのであった。

1979年国が「精神薄弱者福祉ホーム制度要綱」を施行した。この制度は地域での生活を望む知的障害者に対し、日常生活における援助等行うことにより、知的障害者の自立生活を支える内容となっていた。当時の制度内容は「利用者は一般企業で働く人」「利用料は全額自己負担」「職員1名で、住み込み休日休暇保証なし」というものであった。

1982年共同ホーム「ゆたか鳴尾寮」はこの制度を活用して事業を開始した。この「ゆたか鳴尾寮」にスミコさんも入居した。入居にあたって、それまで作業所で働いていた利用者や入所施設である「ゆたか希望の家」の利用者も何人か一般就労にチャレンジした。スミコさんもその中の一人で、塗装業の工場に就職も決まり、その後、47歳から70歳代後半まで元気に働きつづけた。

当時「ゆたか鳴尾寮」の職員は家族で住み込んで入居者と共同生活を送っていた。３６５日の支援とあわせて、職員の休日を保障しようと法人内職員も交代で代勤に入り暮らしを守った。また、ホームでの暮らしは地域行事への参加や職員の家族、子どもを通して地域の子供会への参加や廃品回収の取り組みにも参加するなどの地域交流も進んだ。利用者も、家庭とは違った、新たな集団での生活を通して仲間の成長する姿を感じた。「あいさつ運動」や「清掃活動」など仲間自身が地域に出て地域に住む一員として役割をもって暮らしの実践が展開されていった。

当時の地域で生きいきと暮らす仲間の姿は、文集やさまざまな場での実践報告を通して多くの人に伝わり、「あんなふうな生活をしたい」と他の仲間の夢につながっていくのである。「ゆたか鳴尾寮」の取り組みは「住み慣れた地域で小規模の暮らしをしたい」「作業所に通いながらホームで生活したい」という利用者の願いとなって広がっていった。ゆたか福祉会創設時の「共同作業所作り運動」と同じく「ひとりのねがいをみんなのねがいに」の理念で地域に広がっていくのであった。

また、ゆたか作業所となるみ作業所では作業所が中心となり家族会の応援も得て、一軒家を借りての「生活実習」の取り組みをはじめた。職員の多くはボランティアでこの取り組みを支えた。この取り組みを通して、仲間や家族、職員が作業所では味わえない生活体験が次々に生まれる。親は「他の仲間の生活ぶりに感心したり、わが子の自立について新しい課題を見つけました」等の感想が出された。この生活実習の取り組みは新たなホームづくり運動へとつながっていくのである。

仲間家族の要望を受け、行政も巻きこんで「障害があっても地域で暮らすために」と検討を重ねた結果、1987年国に先駆けて「名古屋市精神薄弱者グループホーム制度」が始まった。入居に際しては初めて「福祉的就労も可」となり作業所利用者も入居可能となった。スミコさんの母親が亡くなって10年が過ぎた時、当時のスミコさんも利用できるグループホームの制度ができたのである。同年には名古屋市第1号として「鳴尾ホーム」が鳴尾寮隣地の古い一軒家で事業を始めた。

1989年には国の制度「精神薄弱者地域援助事業」が始まり、知的障害のあるすべての方がホーム利用対象となったのである。そのため同年「第1ゆたかホーム太陽」「つゆはし生活ホーム仲間の家」が事業開始した。両ホームにはそれまで鳴尾寮で体験を重ねてきた作業所利用者も入居できた。しかし、当時のグループホーム制度は入居要件として就労、身辺自立、利用料の自己負担があり、障害の軽い人が対象とされていた。また、人件費に対する補助金は世話人1名分だけであり、「身分保障も十分でない職員が一人で支援する」という厳しいものであった。そのため作業所がバックアップするグループホームは週末には閉所し、ホーム職員の休日を保障するための代わりの勤務は、作業所の職員が担当していたのである。

地域での生活を支える職員の労働環境の改善を求める動きから、ホームで働く職員の現状を行政や法人に粘り強く訴えた。その結果、法人内では1990年にホーム職員の正職員化と常直手当(2万4400円)が支払われるようになった。それでも財政的には厳しく、一部のベテラン職員と新入職員ばかりが配置され、仲間支援と運営の困難さが表出し退職者が続出するなど、現場運営や職員集団づくりが困難な時期が続いた。

名古屋市においては、1993年職員の複数配置が可能となる「運営強化費補助制度」が始まり、

97年には「重度加算制度」も始まった。これらの制度はゆたか福祉会の職員が制度設計のための基礎資料づくりに積極的に関わる等、行政と一緒に「地域生活を支えるための制度づくり」に役割を果たした。この制度は現在も継続している全国的にも数少ない制度である。近年、利用者の障害の重度化高齢化等もあり職員採用に力を入れているが、財政的な支えはこの補助金制度である。国の制度だけであれば今の事業はないと言える。

２００３年には支援費制度が始まり「措置から契約へ」と大きな転換点となった。ヘルパーの制度も創設され、ホームの仲間たちも休日の余暇をヘルパーを使って楽しむなど、暮らし方も多様になった。また、これまで社会福祉法人にしか運営することができなかったグループホームが、認可要件を満たせばＮＰＯ法人なども運営できるようになったことで、地域にグループホームを運営する団体が増えた。しかし、支援費制度は国の財政難を理由にわずか2年で終了し、２００６年からは障害者自立支援法が施行されることになる。

自立支援法では介護保険制度と同じ応益負担制度が導入されたことにより、サービスを利用すると1割の負担が発生するため、全国各地で反対運動が起こった。日額単価も導入され「利用料の高額負担により、福祉サービスが利用できない」などの問題が全国各地で発生した。ゆたか福祉会でも応益負担の撤廃についての運動を、きょうされんなどの障害者団体と共に推し進めた成果もあり、名古屋市では早期にグループホーム入居者に対しての軽減措置が市町村独自の施策として実施された。また、国もグループホームを利用する低所得者層に対するさまざまな軽減策や家賃助成ができたのもこの時である。

２０１３年障害者自立支援法が廃止され、障害者総合支援法が制定される。グループホームもより障害の重い人を支えることができることを目的として、グループホームとケアホームの一元化が行われた。また、高齢化、重度化によって特に身体的なケアの必要性が高まり、「ほしざきホーム」「みずひろホーム」「グループホームエール」など、バリアフリー化や機械浴などのハードの設備環境を整えたグループホームも誕生した。

一方、職員配置は常勤換算方式になったことで、現場を支える職員の多くが非常勤職員となった。また慢性的な人材不足の中で、仲間たちの３６５日をどのように支えていけばいいのかといった深刻な課題にも直面する。

目まぐるしく制度が変遷されていく中で、ゆたか福祉会の暮らしの支援は、家族や関係者の思いを受けとめ、変化する仲間と共に支援を創ってきた。グループホームの入居者数は１９９６年には11ホーム、46名だったが、１９９８年には15ホーム63名、２０２２年には33ホーム、１４４名まで拡大している。

2　仲間の高齢化をめぐる課題

暮らしの場が拡充していく中で、ゆたか福祉会において、障害当事者の加齢や高齢化の問題が実践の場において課題となっている。本格的に「高齢化への取り組み」が行われるようになったのは、１９９０年代である。希望の家では「入所者の高齢化の実態～第2希望の家づくり～」が掲げられ、開所から14年が過ぎようとしていた当時、さまざまな形で「高齢化問題」が現れはじめていたと思われる。

ゆたか福祉会における、高齢化を迎えた仲間たちへの取り組みは、１９９５年2月に開催された第12回総括研究集会（ゆたか福祉会では2年に1回実践をまとめる研究集会を開催している。以下、総括研）において「障害・病気の進行に立ち向かう仲間たち」として取り上げられている。みのり作業所や希望の家の現場において、仲間の加齢に伴い身体的機能の低下により活動への参加が難しくなってきている事例などが挙げられていた。３年後の１９９８年、ゆたか希望の家では60歳以上の仲間を対象にした「ことぶき班」が誕生する。テーマは「老いてもなお輝いて生きる」であった。この取り組みはその後、高齢となった仲間たちの作業所における日中活動を考える上で、大きな示唆を与えるものとなった。

同様に、作業所で長く働いてきた仲間たちにも、「身体的な疲労を訴える仲間が増えた」「今までできていた袋入れの数を間違える」「仕事中の居眠りが目立つ」など、老いの特徴や急激な退行が見られ、高齢化による課題が多く出はじめたのである。

この頃からＡＤＬ面での退行、また作業所への出勤日数の減少など、日中もホームで過ごす仲間たちも増えていった。事業開始から半世紀が経過したゆたか福祉会において、時と共に利用者の年代構成も大きく変化してきている。１９９９年４１０名の利用者の内、約半数以上の２６２名が30代までで構成されていたのが、２０１９年においては、利用者数５４８名の内、約3分の2以上の３７６名が40代以降で占められており、50代以降も２１６名と半数近くと、仲間の高齢化が顕著になっている。10年後には50代～60代が、過半数を上回ることが予想される。

「ずっとホームで暮らしたい」と願っていた仲間が、住み慣れたホームを退所し、高齢者施設へ入居する事例も出てきている。また、長年通所していた作業所を退所し、高齢分野のサービスを利用する仲間たちも出てきている。

2017年に法人が行った実態調査では、グループホームにおける医療看護に関するアンケートをとったところ、どの事業所も「昼夜を問わず緊急通院や看護が増えている」という回答結果となった。同年、法人内に「医療専門職業務内容検討会議」を立ち上げ、看護師の業務内容の検討や訪問リハビリなど、他の医療職との連携のあり方についても課題にあげられていた。

2000年に介護保険制度がスタートしたが、障害福祉制度だけでなく、介護保険制度を使いながら、地域の中で暮らす仲間も増えてきている。さまざまな社会資源を活用しながら、「どのような暮らしを望んでいるのか」という仲間たちの想いに寄り添いながら、現場では悩み模索する実践が展開されているのである。支援費制度、自立支援法、総合福祉法以降、相談支援や居宅支援などの新しい事業もつくられ、ゆたか福祉会でも事業を行ってきている。

3　障害者家族の高齢化の課題

障害当事者の高齢化、重度化とともに深刻化してきているのが家族の高齢化への対応である。同居する家族の病気や疾病等の発生により、障害当事者の生活環境が大きく変化する事例が増え、特に家族介護の大部分を担う母親が倒れることによって受ける影響は大きい。

一方、グループホームを利用している利用者も、通院やサービスの契約手続き等を、グループホームに生活の場が移行した後も親が引き続き支援しているケースは多い。しかし、近年、家族の高齢化に伴い、これまでと同様の支援を家族が行うことができなくなってきており、結果的に、グループホームの職員が家族に代わって通院等の日常的な支援を行うようになっている。その結果、グループホームで働く職員の業務量や支援の範囲が年々広がってきており、職員の精神的、身体的な負担度も高まってきている。

また、親の高齢化に伴い、これまで親が行ってきた、「お金の管理」「住む場所」「身の回りと日々の生活」など、親亡き後の深刻な問題を誰が引き継いでいくのかといった課題にも直面している。こうした背景の中、２０１７年に利用者の財産管理や契約手続きを、家族以外の第三者が行うことができる成年後見制度を行う「特定非営利活動法人成年後見もやい」の団体設立に、ゆたか福祉会も他の障害者団体と協力して取り組んだ。

グループホームの制度が成立して40年以上が経過してもなお、障害のある方の暮らしは、家族の過重な介護負担や現場職員のボランティア的な労働によって成り立っている側面があると言える。未だに親に介護が必要な状態になると、子と親の暮らしが切り離される〝場の移行〟が本人の意思にかかわらず発生している。

現在の国の制度では、家族、仲間たちが安心して地域生活を送るには課題が多い。特に家族に代わって支援を行うことができる制度、サービスの創設が求められる。同時に、家族にとっても自分の人生を自分らしく生きていくことができる、そのための家族支援ができる制度の創設が望まれる。ゆたか福祉会にとっても、仲間たちの高齢化、重度化への支援と併せて、家族の高齢化問題についても今後、取り組んでいく重要なテーマの一つとなっている。

（今治信一郎）

●社会福祉法人ゆたか福祉会略年表

	作業所・日中事業所	生活の場・地域生活支援	障害福祉施策・障害者団体の動き
1960年～1970年代	1968　名古屋グッドウィル工場の開設 1969　ゆたか共同作業所として出発 1972　社会福祉法人ゆたか福祉会を設立し、ゆたか作業所として再出発 1973　みのり共同作業所の開設 1976　なるみ作業所の開設		1967　精神薄弱者福祉法改正（精神薄弱者授産施設の新設） 全国障害者問題研究会（全障研）設立 1975　国連「障害者の権利宣言」決議 1977　全障研大会、愛知で開催　この場で共同作業所全国連絡会（共作連）結成
1980年代	1983　つゆはし作業所の開設 リサイクルみなみ作業所の開設 1985　デイサービスみなみの開設 デイセンターみなみに改称(2006) ゆたか作業所と統合（2009） さわやか共同作業所の開設 1985　**ゆたか障害者労働福祉センターの開始** ゆたか作業所の定員増・移転 デイサービスみなみ リサイクルみなみ作業所	1980　ゆたか希望の家の開設 1982　ゆたか鳴尾寮の開設 1987　鳴尾ホームの開設 1989　ゆたか通勤寮の開設 つゆはし生活ホーム・仲間の家の開設 移転しつゆはし板倉ホームに改称（2006） ゆたかホーム太陽の開設	1981　国際障害者年 1982　「国連・障害者の十年」開始 1987　精神保健法 障害者雇用促進法 1989　「精神薄弱者地域生活援助事業」開始 （知的障害者グループホーム事業
1990年代	1991　あかつき共同作業所の開設 名古屋市委託の資源回収事業の開始（公益事業） 1992　みなみのふれあい共同作業所が合流 ゆたか作業所分場としての開設	1990　なるみホームひまわりの開設 （2013移転） 1990　生活ホーム二村台の開設＊移転かきつばたホームに改称（2011） 1991　第一八光荘の開設 1992　弥次ヱホームの開設＊移転粕畠ホームに改称（2000）	

1990年代	2000年代
1994 リサイクル港作業所第1（身障）の開設 リサイクル港作業所第2（知的）の開設 1995 みのり共同作業所分場の開設 1999 デイサービスなぐら(身障デイサービス)開設 介護保険デイサービスへ移行（2006）	2002 みなみのふれあい共同作業所が（ゆたか作業所分場）、ふれあい共同作業所として単独施設に移行 2005 リサイクルみなみ作業所移転 2006 フレンドハウス南が、ゆたか福祉会へ合流 2007 フレンドハウス南とみのり共同作業所分場が合流、ワークセンター・フレンズ星崎として開設 資源回収事業部から資源回収みなみになり公益事業から就労継続支援A型事業に変更 2009 大清水福祉センターの開始 なるみ作業所の建替、ゆたか希望の家食堂棟・女性棟新築・男性棟改修
1993 第2ゆたかホーム太陽の開設 1994 第二八光荘の開設 1995 第三八光荘の開設＊移転上脇ホームに改称（2006） 1996 浜田ホームの開設 1997 ホームみのりの開設 1998 ひろめホームの開設 ハウス605の開設＊わかばホームに改称（2006） 元塩ホームの開設＊あさがおホームに改称（2006） **設楽福祉村キラリンとーぷの開始** 1998 第2ゆたか希望の家の開設 1999 グループハウスなぐらの開設	2002 緑区障害者地域生活支援センターの開設 2007 あかつきヘルパーステーションはなキリンの開設 2009 大清水ホームの開設 2009 徳重ホームの開設
1993 障害者基本法　精神障害者が法律で位置づけられる 日本障害者協会（JD）発足 1995 障害者プラン 精神保健福祉法 1999 知的障害者福祉法	2000 「社会事業法」から「社会福祉法」に改正 「介護保険制度」開始 2003 「支援費制度」開始 2004 「障害者基本法」改定 2005 「障害者自立支援法」成立 日本障害者フォーラム（JDF）設立 2006 国連「障害者権利条約」採択 2008 障害者自立支援法違憲訴訟 2009 政権交代・民主党政権誕生

	2010年代	2020年代
作業所・日中事業所	2010 財団法人福祉ひろめ会より土地建物などの寄贈を受ける 2011 有限会社ケアサポート宝南より高齢事業を継承 グループホーム宝南の家 デイサービス宝南を開始 2015 資源回収事業部が移転して、トライズとして開設 2019 リサイクル港作業所の生活介護をみらいろとして独立して開設	
生活の場・地域生活支援	2010 あおなみホームの開設 2011 ひいらぎホーム開設 2012 ライフサポートゆたか開設 相談支援事業所を南区、緑区、中川区、港区、設楽町で開設 2014 ホーム白鳥の開設 2015 グループホームエールの開設 ホーム北野の開設 2016 ほしざきホームの開設 2017 みずひろホームの開設 2018 ケアホームあかつきの開設 2019 かさでらホーム開設 ホームみらい開設	2022 まーぶるホーム開設に伴い地域活動拠点事業を開設 2023 第2ゆたか希望の家とグループホームなぐらを統合して、キラリンとーぷへ名称変更
障害福祉施策・障害者団体の動き	2010 障害者自立支援法違憲訴訟原告団と国が基本合意文章を調印し和解 障がい者制度改革推進会議発足 2011 東日本大震災 2013 障害者総合支援法施行 2014 日本が障害者権利条約を批准 2016 障害者差別解消法施行 相模原障害者殺傷事件 2017 改正社会福祉法 社会福祉法人制度改革	2020 新型コロナウィルス感染症、世界で蔓延

Part 1

障害者家族の高齢化に伴う生活問題の諸相

はじめに――親子2世代の「老い」

人は老いる存在である。高齢社会においては、人が齢を重ねていく様を身近で見ること、感じることは、少なからずあり、こうした経験を通じて、自分自身の老いに対する構えや備えが意識される。高齢期に、どこで誰と暮らすのか、要介護になったらどうするのか等、自分の老後について思いめぐらすこともあるだろう。寿命や健康状態は、予測できないものであり、計画通りにいかないことのほうが多いとしても、晩年をどのように過ごすのか、それを家族で話題にすることは、超高齢社会では自然なことでもある。

知的障害者の親も、自身の老いに向き合うことになるが、その途上で、子どもの加齢、子どもの将来という、自分とは別のもう一つの「高齢期」を想定し、準備することを余儀なくされる。知的障害者は、加齢による体調変化などが早期に現れる傾向にあり、親と子どもの老いが同時進行となることも推測される。子どもが成人期を迎える時期、また、それ以降には、親と子ども、双方の「高齢」「加齢」を複合的に捉え、やがてくる、親亡き後の子どもの居場所を定めるために、家族は動いていくことになる。

親が元気なうちに、子どもの高齢期の暮らし方を見定め、備えることは、障害のある子どもの親役割とみなされ、その判断や方向性が、子どもの将来を左右するという規範が潜在している。障害当事者の高齢期を、先に老いていく親が責任をもつことの矛盾や困難さを察知しながらも、「そこまで」――つまり、障害者自身の晩年/老後を視野に入れた生活設計までを私たち、障害者福祉の研究者、支援者も、親役割に包摂してきたのではないだろうか。

知的障害のある子どもが親亡き後も、安全・安心な生活を営み、社会参加の機会が確保され、QOLが維持されるためには、「親の目が黒いうち」に、在宅から施設やグループホームへ暮らしの場を移行し、落ち着くまで見守り、必要な支援を続けることが肝要であると、家族も考えてきた。つまり、生活環境が変わることに伴い、子どもが混乱し、ストレスを抱えることも予想されるため、帰省や面会を通しての家族交流を維持し、また、子どもの特性や障害症状をできるだけ丁寧に職員に伝達することを親は意識してきたと思われる。

実際には、母親の急病などをきっかけに、急遽、子どものショートステイが開始され、そのまま施設入所になるなど、離家というライフイベントが、計画していた時期とは大幅に異なることも生じる。また、離家をした子どものケアをすることは、親が元気な時のみならず、介護や支援が必要となる時期と重なる可能性もある。

2世代の老い――高齢化に伴う自分自身の体調変化に対処しつつ、子どもの加齢の症状を案じ、またその先のことに思いをはせる。子どもが高齢になった時に親はいないかもしれないことを想定し、子どもの自立を促していくとしても、その時が来た段階で、親が備えた道が子どもの障害症状や健康状態にあっているか否かはわからない。成人期のわが子が、どこで、誰と、暮らすことが望ましいのか。子どもの穏やかな暮らしをめぐって、事業所は家族に何を求め、家族は事業所に何を期待するのか。また、そこでは、障害当事者の意向や親の想いは、どのように支援者に伝わっているのか。こうした点を詳らかにしたいと考え、高齢期の家族にインタビューを依頼した。ゆたか福祉会の通所部門や入所施設に所属するメンバーの家族に、高齢期の生活の諸相を聞き取りするという目的で、

2018年～2021年度にわたり、対面でのインタビュー調査を実施した。

インタビュー協力者には、在宅の方、すでに子どもが離家をした方、その判断をまさに検討中の方が含まれるが、子どもの誕生以来、ケアする家族として、障害のある子どもに寄り添い、親役割を遂行することを第一義的に位置づけてきた家族の姿がそこにはあった。同時に、障害のある子どもの支援の実際は、親の体調、子どもの心身のコンディション、きょうだいの事情等により、可塑性があることもわかった。さらには、コロナ感染拡大によって、障害者が帰省できない、家族と面会できない、という不利に見舞われた中で、親子間の関わりや頻度にも変化が生じた時期でもあった。

本章では、知的障害者の親の高齢化と、老化の進行が比較的早いと言われる知的障害の子どもの加齢化という二つの事象が、家族の中でどのように生起しているのか。障害者支援がそこにどのような関与ができるのか、あるいは、関わることを家族が望んでいるのか。その点を整理していきたいと思う。

1　「あたりまえの暮らし」の家族依存

身体障害者の自立生活運動が、脱施設化と脱家族化を同時に追求したことと比較し、知的障害の脱施設化は、入所施設という選択を排し、家族との同居という形態がとられてきた。訓練や生活自立のために子ども期から家族と別れ、街中から離れた入所施設に居住することの不合理性は、知的障害者にも、身体障害者にもあてはまるが、地域生活の実態は、障害種によってやや異なっている。

ケアの公的保障を求めつつ、自立生活を展開してきた身体障害者に対し、知的障害者が地域で生きるということは、親がケアを担うことで成り立ち、家族への依存を強めてきたことになる。それは、生活全般にわたる直接的な介護だけではなく、公的サービスを受ける場合の調整、医療や教育などの制度を利用する場合の情報収集、選択、手続き等も含まれる。

わが子が、完全参加と平等の権利が芽生えてきた時代に生を受けながらも、疎外される場面があったこと、例えば幼稚園入園に際し、教諭から「お荷物になる」と断られたり、地域に通学できる学校がないため、親が立ち上がって設立運動を起こしたエピソードなどが母親の語りにはみられた。子どもの「あたりまえ」を求める上で、親の頑張りが「あたりまえ」だった時代を家族は生きてきたことがうかがえる。

そして、地域の中、家庭の中で、子ども期を過ごすことが、障害児者にとってノーマルであるという位置づけが社会的になされる一方で、その地域生活、家庭生活を支える役割は、もっぱら、家族に依存するという状況が、成人期以降も続いていることが象徴的である。

知的障害者の特性が「障害」に規定される面があることは否めず、起因疾患、動作性、体力等によって、個々の生活スタイルは影響を受け、さらに、コミュニケーションスキルやこだわりの強弱が、社会生活の幅や行動範囲を左右する。ただし、そうした「症状」は、障害から派生するものの、診断名や障害程度によって、画一化されているわけではない。それゆえに、家族は、子どもの障害特性、ケアの留意点、嗜好性や興味関心の傾向を把握し、そして、何よりも体調や安全上の注意すべき点や、心身のＳＯＳの兆候を見落とさないよう、気をつけてきたのだと思われる。

もちろん、家族だけがケアの担い手ではなく、ライスステージに応じて、子どもと関わる人の広がりも出てくるのであるが、子どものことを支援者に伝える、サービスを受けるための窓口になる、子どもに確実に支援が届くように調整し介在する、という役割を果たすことは、親に求められてきた。数時間の学校生活においても、短時間の外出時間であっても、日中を過ごす作業所に対しても、とりわけ母親は、子どもの情報を子どもに関わる支援者と「共有」する必要があり、まさに、母親は、アドボケーターすなわち、子どもに代わって子どもの権利を主張し、それを擁護するという役割を負い、言語でのやりとりが困難な子どもの意志を代弁し、痛みやつらさを訴えることが難しいわが子の思いを伝えることに努めてきた。

家族が代わりに伝えることをしなければ、子どもの不利が大きくなることを経験的に知っていたからこそ、その面での責任感を強くしてきたことがうかがえる。それは、家族が家族以外のケアラーを信頼していないということではなく、それぞれの場面で関わる専門職は、子どもをトータルにみる立場ではないという事情にもよる。まさに、点と点をつなぐ役割を家族が担うことで、医療や福祉、教育が最善の形で子どもに届くシステムが構築されてきたのである。

子どものことを一番わかっていると認知されてきた家族、とりわけ、第一ケアラーとして、子どもと専門職との橋渡しも担ってきた母親は、ともすると、自分自身と障害のある子どもを一体化させて、子どもの痛みをストレートに感じ、子どもの不安を素早く察知し、その対処も行ってきた。生活全般において介護が必要であったり、多動性や衝動的な行動があるために、常時の見守りが不可欠であるケアニーズの高い子どもの母親が、負担を抱えていることは、容易に想像できた。ただし、その点に触れると、「ずっとみてきたから、大変だと思ったことがない」と言及され、子どものケアがない暮らしとの比較がそもそもできないことに筆者は気づかされた。

知的障害者が地域の中で共に暮らすことが、家族にとってのノーマルな形態であり、それをいつまで継続できるか、どうしたら可能になるのかが高齢期の親の懸案事項である。

2　子どもの離家――どこで　誰と暮らすか

地域の中で、子どもの当たり前の暮らしを守ることに傾注してきた家族は、子どもの自立、親元からの分離を度外視しているわけではない。早ければ学齢期より情報収集や施設の視察、親の会での研修会などを重ね、わが子の将来について検討を続ける。ただし、知的障害者がいつ、どのようなタイミングで離家をするのかは、当事者の意向、地域の社会資源の条件、そして、親の健康状態や家族介護の態勢等によることになる。

障害当事者は、学卒後、福祉事業所への通所、日中活動への参加、福祉的就労への従事などの社会参加をすることになる。知的障害をもち、高等教育への接続が難しい中、おおむね18歳で、社会人のスタートとなるが、この時点ですぐに家を離れるという選択が多いとは言えない。地域的な事情――特別支援学校が近隣にないために寄宿舎生活を送り、引き続きその地域の事業所に通う場合や、自宅から通所・通勤できる範囲に、日中活動をおくる事業所がない時には、18歳で離家をすることも想定されるが、親元から学校に通ったように、その延長線上には、在宅を継続し、作業所へ通うという選択が支持されてきたのではないだろうか。

在宅から、施設やグループホームへの暮らしの場の移行は、成人期のいずれかのタイミングにと家族は考え、その時期は、子どもが20代から60代まで40年間もの幅ができることになる。比較的早期に子どもが離家をするか、親の体力や体調がぎりぎりになるまで在宅を続けるのか、さらには、親が要支援の状況下でも子どもをケアするという判断まで、その選択の背景や時期も多様である。

親亡き後に、子どもが「どこで」暮らすのかの検討は、親の会の運動に参画しつつ、視察や学習会を重ねた上で候補を絞っていたり、通所先の事業所と同法人のグループホームへの入所を希望するなど、やがて、子どもが親元を離れていくことを前提として、家族は在宅生活を営んでいると思われる。離家のタイミングは、家族の計画に沿うばかりではなく、グループホームの新設や居室の空き状況、あるいは、ケアする親の疾病や傷病など、外的な条件に左右されることも少なくない。また、作業所の仲間や学齢期の友人から、「共に入居することを誘われた」という関係性の中で、離家の話が具体化するなど、「誰と一緒に暮らすのか」にウエイトがおかれる場合もあった。

そして、離家が早くても、遅くても、家族、とりわけ母親の述懐には、「本来であれば家でみるべきでだった」「自分が見ようとしたのだが……」という、子どもの離家に対する自責感がにじんでいる。子どもが新しい環境での暮らしに慣れ、職員の目には、新生活に満足しているように映ったとしても、親の評価が一致しているとは限らない。親としての責任を十分果たした上で、社会的ケアに子どもを委ねたことを職員が理解していても、「職員に迷惑をかけて申し訳ない」「大変な子どもをみてもらってありがたい」という気持ちが吐露されがちであり、家族は、ケアに関する要望や、集団生活の中での希望を伝えることに積極的ではない。

裏面では、施設やグループホームの環境やケアに対して、子ども目線に立った、親の「気づき」があるものの、職員にそれを伝えることは控えている傾向もみられた。また、そのことが、離家後も親が介在することで、子どものＱＯＬを維持／向上させるという構造を生み出すことにもなる。

障害のある子どもが、親元を離れ、どこでどのように暮らすのか。それは、家族の大きな関心事であり、不安であり、親としてそこに寄り添うという経過でもある。集団生活に慣れ、仲間や職員と余暇を楽しみ、家族とは一定の間隔で交流するという生活スタイルに馴染んだ後も、その新しい環境での居心地のよさは、子ども自身の加齢／高齢、職員の異動、集団生活の種々の条件によって、持続するとは限らないことも家族は懸念している。

ノーマライゼーション理念の実現は社会的に合意されてきたことではあるが、それが著しく家族に依存をしていたことは否めない。在宅生活でのケア実態を可視化することで、その部分と全体を社会的ケアに移行するあり方を再考することができるのではないだろうか。

3 離家後の親役割

筆者らが、ゆたか福祉会の高齢期家族へのインタビューを通して、明らかにしたかったことの一つは、「親役割の変化と継続」である。

障害のある子どもが成人する時期は、親の定年退職、家計の縮小などが生じ、また、きょうだいの就職／結婚／出産などによる家族構成の変化、さらには、祖父母世代の介護や支援が必要になる時期とも重なる。障害者の親が、子どものケアに加え、祖父母の介護、あるいは、孫の子育てに携わることもあるが、そうした状況において、どのようにして、障害者のケア、支援をめぐる関係機関との調整を優先してきたのだろうか。

子どもが在宅生活に終止符を打ち、離家をすることで、それまで親が担っていた役割は大きく変化するのだろうか。子どもが親元を離れ、暮らしの場を施設やグループホームに移行すると、日常的なケアや生活全般の支援の担い手は、親から職員に替わる。障害当事者にとって、家を出て、集団生活の場での暮らしが始まることは、当然、大きな環境変化であり、新生活への適応や、自宅との習慣や生活様式の違いに慣れるまで、ストレスがかかることを家族は気づかうだろう。

一方、家族もまた、子どもが在宅の時とは異なる日課や生活スタイルとなるが、それは、必ずしも、親役割が軽減したとは言えない状況であり、子どもが離家をしたことにより、親役割が縮小するのではなく、形を変えながら、それが継続することにも目を向けたい。

離家に伴う子どもの不安やストレスを少しでも解消するために、親は入居・入所先の職員との連携を図り、家族ができることを間接的にも、直接的にも担っていこうとする。それは、面会や一時帰省であったり、通院付き添いであったり、離れたところからの見守りであったり、日常品や嗜好品の提供であったり、多面的である。また、「子どもの情報」──体調が悪いと、どのような症状がでるのか、疲れがたまると、どんな表情になるのか、仲間に遠慮し我慢する兆候、言葉で伝えられないからあきらめる傾向等、新しい環境の下で、子どものことが少しでも理解されるように、家族は職員とコミュニケーションを図りつつ、情報を共有していこうとする。

そして、離家後も親役割が継続していることを象徴するのは、子どもの帰省と面会の機会であり、障害当事者と家族がそれを重視していることは、実践の場でもしばしば話題になることである。親元を離れた直後に、いわば新生活に慣れるまでの期間、週末はグループホームから実家に帰省をするというパターンから始まり、10年~20年単位でそれが続いていく。生活のメリハリ、オンオフの区切りとして、あるいは、家族と過ごす時間をつくるために、80代、90代の親が自宅帰省を継続する例もあった。一時帰省中には、居宅支援のサービスを利用できないことから、自宅では、入浴がままならないことや、外出できずに家にいるだけの時間となることを憂慮しながらも、子どもの帰省を続けていく。

1~2日であっても、高齢の親が、障害者ケアの担い手になることは困難な様子を呈しているが、長く続けてきた帰省を辞めることや、頻度を減らすことが、子どもの心身の健康に差し障りがあるのではと家族は捉える傾向がある。送迎や買い物などを同居や近居のきょうだいに頼むなど、家族として、離家後の親族をどう迎えられるかを協力しつつ、調整しつつ、障害のある子どもが帰ってくる場所を残したいとする、親の願いである。その途上では、帰省をそろそろ取りやめることや、面会という方法に変えることなどを家族も検討するが、子ども自身が「帰りたい」という気持ちを抱いていることを垣間見る中で、無理をしてでも帰省を実現させようとする親の判断も理解できることである。

親が高齢で直接的なケアができなくなった後も、きょうだいに指示や依頼をすることで、それまでと同様の週末帰省が可能になっている事例がある一方、きょうだいとその配偶者や子どもには負担をかけられないという理由から、ぎりぎりまで親が頑張るという選択もあるだろう。「帰省はしなくてもよいので、障害のある子どもの遺骨を自宅に連れて帰ることだけはやってほしい」ときょうだいに託し、承諾を得られて安心したという母親の述懐もあった。

離家後の帰省や面会を重視することについては、子どもの希望、あるいは親の責任感という枠組みで論じられ、職員は、その行為に関して、ともすれば親子共にそこに傾注しすぎているのではないかと指摘する。例えば、何らかの事情で帰省が途絶えても、障害当事者は機嫌よく過ごしている、いつも通り穏やかに暮らしていると報じられる。それまでの帰省時も、施設に戻る際に家族を振り返ることもなく、喜んで自分の居室に帰ってくる姿から、帰省は必須条件ではないと評価されていたりもする。

では、なぜ、親は子どもが家に帰ることに、ある意味では拘るのだろうか。そこには、施設やグループホームでの暮らしに、どこまで「個人」が尊重され、個別の要望や意向が認められるのかという点での家族側の憂慮がある。数人から数十人の規模での集団生活に伴う、気疲れやストレスから年に数回でも解放され、自分のスペース、自分のスケジュール、自分の嗜好での食事等で満たされる時間を確保したいということなのではないだろうか。

日常のケア、住環境、仲間との交流等は、集団生活の中で保障され、その面での充足感は高い。その上で、プライベートな面を充実させることが求められており、家族メンバーとして、あるいは、個としての時間を確保することは、ノーマルなことであると理解できる。ただし問題は、そうした時間を担保するのは、家族に限られるのかどうかという点である。

4　成人期支援の多面化

障害者が在宅で過ごす期間は、生活全般の維持とケアの態勢はもちろんのこと、余暇時間の配分や体調管理、小遣いの使途、社会参加の方法や仲間との交流等、子どものＱＯＬを維持・向上するために、母親がコーディネート役割を果たしてきたと考えられる。では、その後、施設やグループホームに入居することを機に、親から支援者に、子どもの暮らしの総合的な調整役割が移譲されるのかというと、それが簡単ではないことが推察できる。

グループホームの世話人、入所施設の職員に、必要事項の引き継ぎを行いつつも、要所要所では、「家族が関わらなければ子どもが不利になるのでは」という言説に家族は苛まれているようにも映る。障害当事者が言語での意思表出が難しく、あるいは意思決定の援助が必要である場合、家族がアドボケート機能を果たさなければ、子どもに不利が生じることを、親は経験的に知っているからかもしれない。
子ども期より、教育、医療、療育、福祉等の専門機関の職員は、体調、症状、経過、要望を障害当事者に尋ねると同時に、親とやりとりをし、伝えたいこともまた、親に還してきた。そして、家族がそばにいない場所や時間帯、ショートステイ先などで支援を受ける中で、声なき声を聴きとられないまま、全身でのサインに気づかれないまま、障害当事者が不本意な状況に陥った例を家族は見聞きしてきた。

筆者は知的障害者の離家に関して、次のような仮説を描いていた。

例えば、子どもが親元を離れ、施設に入所すると、身辺の諸々のことは施設職員が担い、子どもの生活管理も徐々に施設の態勢の中でなされていく。次第に、子どもは集団生活に順応し、仲間や職員とつつがなく暮らすことができるようになり、その事実に家族は安心し、利用者が新しい環境に適応したことを職員も評価する。つまり、障害当事者のケアやアドボケート、コーディネート役割のバトンは、やがて、親から職員に手渡されることになる。在宅生活から施設入所、グループホーム入居という段階を経て、家族は、子どもの将来の安心を得ることができる。それ以後は、親役割の縮小が可能になると考えてきた。

しかし、知的障害のある子どもの親元からの自立は、ケアの担い手が順次交代するという、時系列的なことだけではないことも示唆された。すなわち、バトンを渡すのではなく、子どもの生活場面に職員も加わり、自分たち親と協働しつつ、「子どものＱＯＬを維持したい」という志向性や、「共に関わることでの支援の手厚さや暮らしの充実さを求めていきたい」という家族の意識があることもうかがえる。親が引いて、支援者が加わるという構造というよりも、分担したり、重ねたりすることで、子どもが在宅生活から完全に分断されるのではなく、つながる線を残しておくことに意味があるのではないだろうか。子どもが新しい生活に十分馴染んだ段階に至っても、体調不良の時には、治療方針や医療機関の選定や判断、通院や入院に親が付き添ったり、自宅での療養に切り替えたりなど、親が関わる場面は確かに残されている。

事業所職員は家族のこうした意向をどうみるのだろうか。知的障害者の生活全般のケア、意思決定の援助、それらに付随するアドボケート等が、親の高齢化に際し、職員に移行することは、「親亡き後」を見据えた望ましい形であると捉えられるだろう。さらに、部分的にせよ、間接的にせよ、子どもの支援に家族がどう介在し続け、その方法や意味づけが求められることになるのか。体力・気力の面で、「ケアする親」ではなくなった時に、支援チームから排除されるのではなく、障害当事者のあたりまえの生活にとっての、重要なアクターであることを提起できればと思う。

5　ケアの重層化という視点

知的障害者の日々の暮らし、地域生活のあり方、社会参加の方法、余暇活動等は、それぞれの生活歴や志向性、家族の想いなどによって、何が優先され、尊重されるのか、個別的である。親元を離れた集団生活／共同生活においては、在宅時の暮らし方や生活習慣を見直し、修正することも求められる。その渦中の子どものことを親が案じるのは、自然なことであるとしても、親が心配するほどに、子どもは混乱せず、新しい自分の居場所に馴染んでいくことを、職員は展望してきたと思う。その差異、例えば、子どものことを細々と心配する母と、母親の不安を重く受けとめる必要を感じない職員という対比にもなり、そのことが、家族の新たな不安材料にもなる。

障害者自身は、新しい環境の下、時間をかけつつ変化を受けとめ、在宅生活との違いに適応し、帰省時には在宅での暮らしを束の間楽しみ、また、集団生活に戻って、戸惑いつつも、そこに身を置いていく。たまに帰省する実家の存在は大きく、その半面、施設やグループホームでの自立した暮らしもこなしていく。両者は、点と点であり、双方を行き来することも、ノーマルなことなのかもしれない。

成人期のいずれかの時期に、子どもが離家をすることを予想し、家族は準備を重ね、判断をし、実践していく。離家後においても家族は、子どもの体調、食欲や食事内容を案じ、集団生活でのストレスを懸念し、余暇の過ごし方にも気にかけている。その延長線上では、「入所後には、休日も好きな場所に行けない」「外出先に見合った服装を用意してきたのに身に着けていなかった」「家族の冠婚葬祭に参加できなかった」等、親の介在がないことで、子どもに不利が生じたという引き算もなされていく。ともすれば、それは「あきらめ」という言葉で表現される。

家族が長く培ってきた、ケアのスキル、ＱＯＬの観点、アドボケート機能—これらに依存するのでもなく、排除するのでもなく、職員のケアを足していく。その根拠や手法を編み出していく必要があるのではないだろうか。

新型コロナ感染拡大は、障害者と家族にも、大きな試練と混乱をもたらした。事業所も、家族も、もちろん、障害当事者も忍耐し、創意工夫をし、少しでも平時の暮らしができるよう、努力を重ねていることは周知の通りである。帰省や面会が途切れた経験や、在宅に戻るか、グループホームに留まるかの択一などは、障害者と家族・職員が共にあることが阻まれた例とも言えよう。その一方、新たな暮らしぶり、人との関わり方が芽生えた面もあるだろう。

成人期の子どもが施設やグループに入所／入居することは、親にとって、第一ケアラーであることが終焉することを意味するのか。確かに、物理的には、子どもが自宅を離れることで、親の手によるケアの量は軽減する。しかし、子どもの暮らしの場が分離されることで、見えないだけに、生活全般のケアの過不足を心配し、共に暮らす仲間との関係性を案じ、個の時間が保障されているかどうかを確認したいという意識も高まる。高齢期の親が担う役割が続いていること、職員と共に、それを担いたいという思いがあること、任せる、委ねるという言葉ではない、ケアの重層化を考えていく段階ではないだろうか。

（藤原里佐）

Part 2

障害者家族の老い（障害者本人・家族・職員それぞれの経験）

――全数調査からの考察

ゆたか福祉会の障害福祉サービスの全利用者を対象とした調査を通じて、家族の高齢化に関して、障害者本人・家族・職員それぞれの立場からどのような経験をし、何を思っているのかということを明らかにする。その検討を通じて、高齢化という不可避的な事象を安心して過ごすには、どのような社会的支援が必要なのかを考えていきたい。

1　この調査で何を明らかにするのか？

ゆたか福祉会は、共同作業所設立第一号という歴史を重ね、また暮らしの場についてもグループホーム（GH）や入所施設、通勤寮など多様な資源を擁しており、約600人の利用者・家族の暮らしを支えている。これまでに類をみない家族・障害者本人・職員という三者に、家族の高齢化に関する課題を尋ねるという貴重な調査を実施することができたことは、ゆたか福祉会関係者の信頼関係の蓄積によるところが大きい。

本調査では、次の点を明らかにすることを主な目的とする。

①家族の高齢化に伴う障害者本人・家族の暮らしの実態はどのようなものであるか、また、障害者本人・家族はどのような不安や思いを抱いているのか、職員はどのように認識しているのかを明らかにする。

②家族の高齢化に伴うさまざまな課題（老いに関する認識、暮らしの場の移行、暮らしの場の移行後の家族関係など）について、障害者本人・家族・職員の意識を明らかにする。このことは、ケアの引き継ぎを家族と職員で、どのように行っていくべきなのかということについての示唆を得るものであると考える。

③職員が行っている家族支援の実際を明らかにする。家族支援の中には、問題解決や調整に時間を要し、時に他の業務や職員体制等に影響があるものも含まれていると思われるが、現在の制度においてはアンペイドワーク（報酬の対象とならない無償労働）となっていると考えられる。今後、安定的に家族を支える仕組みをつくる上でも、まずは可視化することが必要であると考える。

2　調査の概要

実施期間：２０１９年6月1日～6月31日

実施方法：家族票は事業所経由で配布・回収を行い家族の自記による、職員票は各事業所の担当者（事業の責任者やケース担当者）の自記による、本人票は自記あるいは職員による聞き取りで記入を行った。

回収率

今回の調査対象者（法人の日中事業所や生活施設の利用者）578名のうち、家族票は235名分（40・7％）、職員票は451名分（78・0％）、当事者票は311名分（53・8％）の回収ができた。同一ケースについて、家族・職員・当事者と三者がそろうのは、129名分（22・3％）であった。

なお、図表中【家族】【職員】【本人】とあるのは、分析対象としたそれぞれの質問票を表したものである。

3　回答者の概況

表1は、ゆたか福祉会の利用者の概況である。障害者本人の平均年齢は、グループホームや入所施設では50歳を超えており、家族と同居しているケース（以下、家族同居）よりも相対的に高く、ゆたか福祉会の利用年数も20年以上となっている。平均障害支援区分は、入所施設が5・

表1）ゆたか福祉会の利用者の概況

	人数（人）	年齢（歳）	障害支援区分	ゆたか福祉会利用年数（年）	GH・入所施設等の利用歴（年）
家族同居	276	36.4	4.2	13.3	—
GH	142	**51.3**	4.3	**28.1**	12.9
入所施設	120	**50.2**	**5.7**	**25.4**	18.6
その他	23	47.2	3.9	12.3	7.5

＊「家族同居」の中で同居者が「親、きょうだい」以外、一人暮らし、結婚している場合などは「その他」にまとめている

7であり、グループホームが4・3、家族同居4・2と比べて相対的に高くなっている。

表2は、回答者の家族構成（グループホームや入所施設利用の場合は、帰省先）である。家族同居と比べて、入所施設では「両親世帯」が少なく、代わりに増えるのは、「単親世帯」「きょうだい世帯（きょうだいが第一ケアラーとなっている世帯）」となっている。障害者本人を含めた世帯の人数を表す平均世帯人員数も、家族同居に比べてグループホーム、入所施設では少なくなっており2を下回っているので、父母いずれかと障害者本人のみという世帯が多いことがうかがえる。

これらのことから、家族同居から暮らしの場への移行は、本人および家族が高齢化し、家庭内のケア力が低下し、ケアの担い手が少なくなった後に行われていると言える。

表2）現在の暮らしの場別の家族構成

	両親	単親	きょうだい	その他	合計	平均世帯人員数（人）
家族同居	**58.3(74)**	35.4(45)	4.7(6)	1.6(2)	100.0(127)	2.40
GH	37.3(22)	**44.1(26)**	**18.6(11)**	0.0(0)	100.0(59)	1.97
入所施設	39.1(18)	**43.5(20)**	**17.4(8)**	0.0(0)	100.0(46)	1.87
その他	75.0(3)	25.0(1)	0.0(0)	0.0(0)	100.0(4)	2.50
合計	49.6(117)	39.0(92)	10.6(25)	0.8(2)	100.0(236)	

＊単位はパーセント（　）は実数（以下同）

4 調査結果からの考察

① 家族同居の暮らし――暮らしの場の移行についてそれぞれの思い

第一ケアラーにいつまで障害者本人と同居できるのかという、同居の期限について尋ねたところ、自分自身が50代までは、暮らしの場の移行ということは想定されていないが、60代になると10年程度の見通しとなり、70代以降で暮らしの場の移行が具体的に考え始められていたことがわかった。しかし、80代に入っても「4～5年」の見通しをもっている方もおり、家族は自らの老いに向き合いながらもケアラーの役割を果たそうとしている様子がうかがえる。

「すでに難しい」と考えているにも関わらず、現在、暮らしの場の移行ができない理由としては、「入所施設、グループホームの空きがない」「本人の状態から難しい、本人が希望しない」「福祉サービスの費用が高い」「家族内での意見が一致しない」などが挙げられている。

表3は、「いつまで障害者本人と同居できるのか」という質問に対する家族と職員の答えである。網掛けしたところは、家族は「すでに難しい」あるいは短いスパンで限界と感じていても、職員は長期間同居可能と判断している、あるいは家族は長期にわたり同居可能としても、職員はそうでないと判断しているところである。つまり、同居の期限に関して家族と職員の判断にはズレが生じている部分を表している。

このようなズレが生じる理由としては、職員は家族がケアラーとして、障害者本人の生活の質の維持が難しくなると同居の限界と考えるのに対して、家族は次頁の〈家族の声〉にも寄せられているように精神的な負担感によって限界と感じていることがうかがえる。家族の精神的な負担感は、日々の気分や体調によっても左右されるだろうし、漠然とした不安感がつのり限界を感じるということもあるのかもしれない。自由記述にもあるように「気持ちは揺れ動いている」のだろう。

また、希望する移行先については、全体でグループホームが4割程度、入所施設が4分の1程度となっているが、「すでに難しい」「1~2年」というように、暮らしの場の移行に緊急を要すると考えている人に限ると、入所施設が4割程度

表3）家族同居ケースにおける同居の期限に関する家族と職員の意識

		【職員】同居の期限						
		今の時点で難しい	1年以内	3年以内	5年以内	それ以降も可能	その他	合計
【家族】同居の期限	すでに難しい	0.0(0)	0.0(0)	0.0(0)	**33.3(1)**	**66.7(2)**	0.0(0)	100.0(3)
	1~2年	25.0(1)	0.0(0)	50.0(2)	0.0(0)	25.0(1)	0.0(0)	100.0(4)
	4~5年	0.0(0)	0.0(0)	0.0(0)	16.7(2)	**75.0(9)**	8.3(1)	100.0(12)
	10年	0.0(0)	**5.6(1)**	**11.1(2)**	**22.2(4)**	50.0(9)	11.1(2)	100.0(18)
	10年以上	0.0(0)	0.0(0)	**8.7(2)**	**4.3(1)**	82.6(19)	4.3(1)	100.0(23)
	わからない	5.9(2)	2.9(1)	2.9(1)	23.5(8)	55.9(19)	8.8(3)	100.0(34)
	その他	0.0(0)	0.0(0)	0.0(0)	0.0(0)	100.0(4)	0.0(0)	100.0(4)
	合計	3.1(3)	2.0(2)	7.1(7)	16.3(16)	64.3(63)	7.1(7)	100.0(98)

と高くなっている。

〈家族の声〉

・「不安」という言葉は簡単に言えるけど、何が不安かと言われると今はわからない。他者に任せたときに感じることかもしれない。親は親であって他者は他人なので。やはり、「思い」というものが違ってくるので、お願いはできても確証はないので。

・将来ケアを誰に任せたいかということについて、家族に任せたいが難しいかもしれない。すべて自分がやってきましたので、任せたい家族にどう話したらよいかわからない。2人の姉がいるが、今までは2人で協力してみるつもりでいてくれていたが、1人が遠くへ行ったら、近くにいる者が自分1人で面倒を見るのは不安だともらした。

・ほぼ母がやっているので、本人がなぜお母さんじゃないのか、納得するかわからないが、するまで時間がかかる気がするし、言葉がない分、本人がどれだけのストレスを抱えているのかわからないのも心配です。でも、私でない人がお世話していただくのが、普通になっていくとよいんだろうと考えています。気持ちが揺れ動きます。

現在、家族と同居している障害者本人は、暮らしの場の移行についてどのように考えているのだろうか。

今回の調査回答者で特徴的なのは、7割を超える障害者本人が、「家族と離れたくない」「(自立の時期が）わからない」と回答していることである。多くの障害者本人にとっては、自立の見通しがもてていない状況であるといえよう。また、自立の時期については、家族と本人で一致する（家族が短いスパンで限界がくると考えている人は、本人も早期の自立を望んでいる）傾向が確認できた。

表4は、障害者本人が考える自立のタイミングと希望する移行先を示したものである。「家族と離れたくない」という人は、将来も「家族や親族との同居」を、「今すぐ」あるいは「2〜3年」と短いスパンで考えている人は「グループホーム」を、「5〜8年」と長いスパンで考えている人は「一人暮らし・友人との同居」を希望している人が相対的に多いことがうかがえる。

〈移行先別の本人が希望する理由〉をみ

表4）家族同居ケースにおける障害者本人が考える自立のタイミングと移行先

【本人】希望する自立の時期	【本人】希望する暮らしの場の移行先 家族や親族と同居	一人暮らし・友人との同居	夫婦での生活	グループホーム	入所施設	わからない	その他	合計
今すぐ	0.0(0)	16.7(1)	16.7(1)	**66.7(4)**	0.0(0)	0.0(0)	0.0(0)	100.0(6)
2〜3年	7.1(1)	21.4(3)	7.1(1)	**57.1(8)**	0.0(0)	7.1(1)	0.0(0)	100.0(14)
5〜8年	30.0(3)	**30.0(3)**	0.0(0)	30.0(3)	0.0(0)	10.0(1)	0.0(0)	100.0(10)
家族と離れたくない	**60.8(31)**	5.9(3)	2.0(1)	11.8(6)	2.0(1)	15.7(8)	2.0(1)	100.0(51)
わからない	30.8(12)	10.3(4)	0.0(0)	10.3(4)	0.0(0)	43.6(17)	5.1(2)	100.0(39)
その他	11.1(1)	22.2(2)	11.1(1)	22.2(2)	11.1(1)	11.1(1)	11.1(1)	100.0(9)
合計	37.2(48)	12.4(16)	3.1(4)	20.9(27)	1.6(2)	21.7(28)	3.1(4)	100.0(129)

てみると、「家族・親族と」と回答した人の中には、家族と継続的な関係を重視する以外の理由として、慣れ親しんだ現在の居住環境や近隣との関係を変えたくないということを挙げている。また「入所施設」を希望する人の中には、知人が暮らしている様子を見て、自分もそこで暮らしたいという思いをもっている人もいる。

このことから障害者本人は、親によるケアが得られなくなった後にも、現在の居住環境や人間関係の継続性を重視しながら暮らしの場を考えていきたいと考えている人がいることがうかがえる。また、中には家族と一緒に暮らしたい理由として「おとうと、いもうとが安心するから」、グループホームを選ぶ理由として、「妹の負担になりたくない」と家族のことを思いやったり、逆に「(家族と)一緒にいるとケンカをしてしまうから」というように、家族への気づかいが自立のあり方を左右している様子もうかがえる。

〈移行先別の本人が希望する理由〉

○家族・親族と

・家族で過ごすのがにぎやかで楽しい。

・おとうと、いもうとが安心するから

・今住んでいるところが市営団地だから知り合いもたくさんいる。

○一人暮らし・結婚生活

・24時間あれこれ言われたくない

・好きな人と結婚して生活がしたい
○グループホーム
・（家族と）一緒にいるとケンカをしてしまうから
・妹の負担になりたくない
・親はいずれ施設に入るので
○入所施設
・A施設に住みたいな。友だちがいっぱいいるので、生活全般みてくれるので、そういう所の方が安心できる。
・今ショートステイで使っている施設に友だちがいるから
○その他
・母に何かあった時は、在宅での生活は難しいと思うが、その時、どこで生活することになるのかわからない。でもできるだけ自由（アルコールが飲めるところ。自分で買ってきてと言われたら困る）に過ごせるところがよい。

② 暮らしの場の移行後の家族――継続する家族関係

暮らしの場の移行後の親子関係は、どのようなものとなるのであろうか。

表5は、グループホームを利用している人の家族が、帰省や面会を通じて本人とどのくらいの頻度

で交流しているのかを示したものである。「両親世帯」「単親世帯」では、週に1回以上会っている割合が半分を超えている。週末の帰省の他、通院や家族会での訪問、衣替え、居室の整理などのために親が施設を頻繁に訪問していることがうかがえる。一方で、「きょうだい世帯」になると、頻度は大幅に減って、親ほどに日常生活への目配りは難しくなると考えられるものの、月に1回以上会うのが6割を超えるということで、本人との交流は継続している様子が明らかになった。

また**表6**は、家族と会う頻度について、グループホームや入所施設で暮らす本人は、どのように考えているかを表している。グループホーム、入所施設利用者の中で、家族と会うのが「ほぼ毎週」の人は「ちょうどよい」と考える人が多く、「月に1~2回」となると、「もっと増やしたい」と考え、「年に数回」となると再び「ちょうどよい」が増加する傾向がみられた。

これは、毎週、帰省あるいは面会している本人は、平日の暮らしの場は家庭外になったものの、余暇は変わらず家族と過ごしており、月に1~2回と間隔が空くことで余暇の過ごし方、それに伴う家族の距離感が変わると、寂しさを感じるが、年に数回と暮らしの場の移行が完了した後(それはいわゆる「実家」になった状態と言えよう)は「ちょうどよい」と感じていることを表しているのかもしれない。

家族と会ったときに、家族・本人はそれぞれどのようなことを期待したり、気にかけているのだろうか。家族は、本人がリラックスできること、グループホームではできないことや自宅にいたときから楽しんでいたことをできるようにしたり、身体の清潔や体調などに留意をしている。

本人は、家族と会うことでほっとできる時間を過ごし、共同生活ではできない自分の自由な時間や買い物、外食などを楽しみにしている様子がうかがえる。
親の思いとしては、グループホームや入所施設は「頑張る」ところであり、家庭は「ほっとできる」ところなので本人の望みをかなえたい、あるいは衛生状態も含めて、職員によるケアが行き届いていることを気にしている様子がうかがえる。

〈面会するときに心がけていること・楽しみにしていること〉

○家族

・歯、肌の調子、体調に気にかけている。会った時の表情も笑顔かどうか。

・本人が身の回りのことをできて

表５）グループホーム利用者の世帯類型と本人との面会頻度

		帰省・面会等の頻度					
		週に2〜3回	週に1回	月に2〜3回	月に1回	2〜3か月に1回	合計
世帯類型	両親世帯	**45.5(10)**	9.1(2)	18.2(4)	9.1(2)	18.0(4)	100.0(22)
	単親世帯	**29.2(7)**	**20.8(5)**	25.0(6)	20.8(5)	4.2(1)	100.0(24)
	きょうだい	0.0(0)	0.0(0)	18.2(2)	**45.5(5)**	36.4(4)	100.0(11)
	合計	29.8(17)	12.3(7)	21.1(12)	21.1(12)	29.9(9)	100.0(57)

表６）グループホーム・入所施設利用者における障害者本人と家族との面会頻度と意向

		【本人】家族との交流に関する意向				
		もっと増やしたい	ちょうどよい	もっと減らしたい	わからない	合計
帰省・面会の頻度	ほぼ毎週	13.3(4)	**70.0(21)**	6.7(2)	10.0(3)	100.0(30)
	1月に1〜2回位	**28.0(7)**	56.0(14)	8.0(2)	8.0(2)	100.0(25)
	年に数回	17.6(3)	**70.6(12)**	0.0(0)	11.8(2)	100.0(17)
	帰省なし	14.3(6)	33.3(14)	2.4(1)	50.0(21)	100.0(42)
	その他	23.1(3)	30.8(4)	0.0(0)	46.2(6)	100.0(13)
	合計	18.1(23)	51.2(65)	3.9(5)	26.8(34)	100.0(127)

いるか、太り気味、将来の疾病について

・できる限り、話を聞いて、希望を叶えられるよう一緒に過ごす。体力、経済的に今、できることをしてやりたい。

・ホームで頑張っているので帰ってきたときは、できるだけ、本人の望むことをしてやりたいと思います。

・帰ってきたらまず缶コーヒー、菓子、ラジカセ、CDは命から2番目に大事です。土日は帰ってきますので買い物に連れて行きます。

○本人

・両親、きょうだいの顔が見られること

・いろいろ悩みを聞いてもらったり、親の仏壇に手を合わせること

・飼っている犬と遊ぶこと

・好きな時に寝て好きな時に食べる。自由な時間

・お菓子やおこづかいを持ってきてくれる

③障害のある人の加齢に伴う変化――本人・家族・職員はどのようにとらえているか

障害のある人の加齢に伴う変化について、本人・家族・職員が、どのようにとらえているかということについてみていく。本人が、自身の心身の変化（今回は、「健康への不安があるか」という質問に対して「ある」「ない」で回答を得た）について尋ねると、40代、50代あたりから「ある」という

回答が50％程度となり本人自身の健康不安が生じている。

表7は、家族に尋ねた障害者本人に生じている加齢に伴う変化の有無と、本人に尋ねた自身の健康不安の関係である。これをみると、家族から見て、障害者本人に加齢の影響が出ていると感じる場面が「よくある」と回答している場合は、本人も健康不安が「ある」が66・7％、一方で家族が「あまりない」の場合は本人も「ない」という回答が84・2％、「まったくない」の場合は70・0％というように、家族と本人の心身の状況の認識はほぼ一致していることが明らかになった。

また、**表8**は、障害者本人の加齢の変化について、家族と職員の認識について関係をみたものである。これをみると、家族が「よくある」と答えた場合は、職員は「時々ある」が66・7％、家族が「あまりない」の場合は職員は「あまりない・まったくない」が73・3％、「まったくない」の場合は、職員は「あまりない・まったくない」が78・5％となっている。つまり障害者本人の状況に関して家族と職員の認識がほぼ一致している傾向を確認できた。

表9は、家族に自分自身に加齢による変化が生じているかということと、職員に障害者本人に加齢の影響が出ているかを聞いたものである。これをみると、家族が自分に加齢の影響が出ていると考えている場合は、職員が本人に加齢の影響が出ていると感じていることがわかる。ここでは、障害者本人の年齢と家族に生じている加齢による変化は相関がみられなかった。すなわち、障害者本人の年齢にかかわらず、家族に加齢に伴う変化が生じた場合に、本人にも加齢による変化が生じている。つまり、家族が加齢の影響に伴い、これまで通りのケアをできなくなると、本人が体調不良になったり、

表７）家族から見た障害者本人の加齢の変化と本人自身の健康不安

		【本人】自身の健康不安		
		ある	ない	合計
【家族】本人の加齢の影響	よくある	**66.7（2）**	33.3（1）	100.0（3）
	時々ある	43.8（7）	56.3（9）	100.0(16)
	どちらともいえない	23.5（4）	76.5(13)	100.0(17)
	あまりない	15.8（3）	**84.2(16)**	100.0(19)
	まったくない	30.0（6）	**70.0(14)**	100.0(20)
	合計	29.3(22)	70.7(53)	100.0(75)

表８）家族と職員から見た障害者本人の加齢の変化

		【職員】障害者本人の加齢の影響					
		よくある	時々ある	どちらともいえない	あまりない	まったくない	合計
【家族】障害者本人の加齢の影響	よくある	0.0(0)	**66.7（4）**	16.7（1）	16.7（1）	0.0（0）	100.0（6）
	時々ある	17.6(3)	17.6（3）	17.6（3）	29.4（5）	17.6（3）	100.0(17)
	どちらともいえない	4.3(1)	26.1（6）	17.4（4）	30.4（7）	21.7（5）	100.0(23)
	あまりない	0.0(0)	6.7（2）	20.0（6）	**23.3（7）**	**50.0(15)**	100.0(30)
	まったくない	0.0(0)	3.6（1）	17.9（5）	**21.4（6）**	**57.1(16)**	100.0(28)
	合計	3.8(4)	15.4(16)	18.3(19)	25.0(26)	37.5(39)	100.0(104)

表９）家族と障害者本人の加齢の影響の関連性

		【職員】障害者本人の加齢の影響					
		よくある	時々ある	どちらともいえない	あまりない	まったくない	合計
【家族】自身の加齢の影響	よくある	**33.3(3)**	0.0（0）	11.1（1）	44.4（4）	11.1（1）	100.0（9）
	時々ある	5.4(2)	**29.7(11)**	29.7(11)	18.9（7）	16.2（6）	100.0(37)
	どちらともいえない	3.7(1)	22.2（6）	**25.9(7)**	25.9（7）	22.2（6）	100.0(27)
	あまりない	0.0(0)	11.8（4）	14.7（5）	**38.2(13)**	**35.3(12)**	100.0(34)
	まったくない	18.2(2)	9.1（1）	0.0（0）	9.1（1）	**63.6（7）**	100.0(11)
	合計	6.8(8)	18.6(22)	20.3(24)	27.1(32)	27.1(32)	100.0(118)

精神的に不安定になったりといった不調をきたしていることがうかがえる。

〈家族が感じる障害者本人の加齢に伴う症状〉

・手が震える
・尿、便失禁で下着を汚すことがある
・物忘れが以前より増えている気がする
・歩くのが遅くなった
・身の回りの片づけができない

〈職員が感じる本人の加齢に伴う症状〉

・重い物を運ぶとき、眉間にしわを寄せて重たそうにする姿があった
・食欲が落ち着いているように感じる
・疲れを見せることが多くなってきた

④ ケアの引き継ぎ——家族から社会へ移行するケアとしないケア

家族から社会へのケアの移行を考えたときに、家族以外の人が担うことが難しいケアが存在する。**図1**は、暮らしの場別にそれぞれのケアを誰が担っているのか、ということを家族に尋ねた結果で

ある。グループホームや入所施設など、暮らしの場が移行するに伴い「職員」に移行しているケアとしては、「衣服管理」「余暇の調整」「本人の思いの代弁」「通院の付き添い」などが挙げられる。

一方で、「年金管理」「資産管理」「医療同意」「生活の場の選択」などの法律的行為、本人の意思決定に関わるものは、暮らしの場の移行後も家族内部にとどまっていることがわかる。

これらのケアの移行について、職員に対して家族がどの程度不安に感じているかを尋ねたところ、家族同居、入所施設、グループホームの順に不安の度合いが低くなっていることが明らかになっ

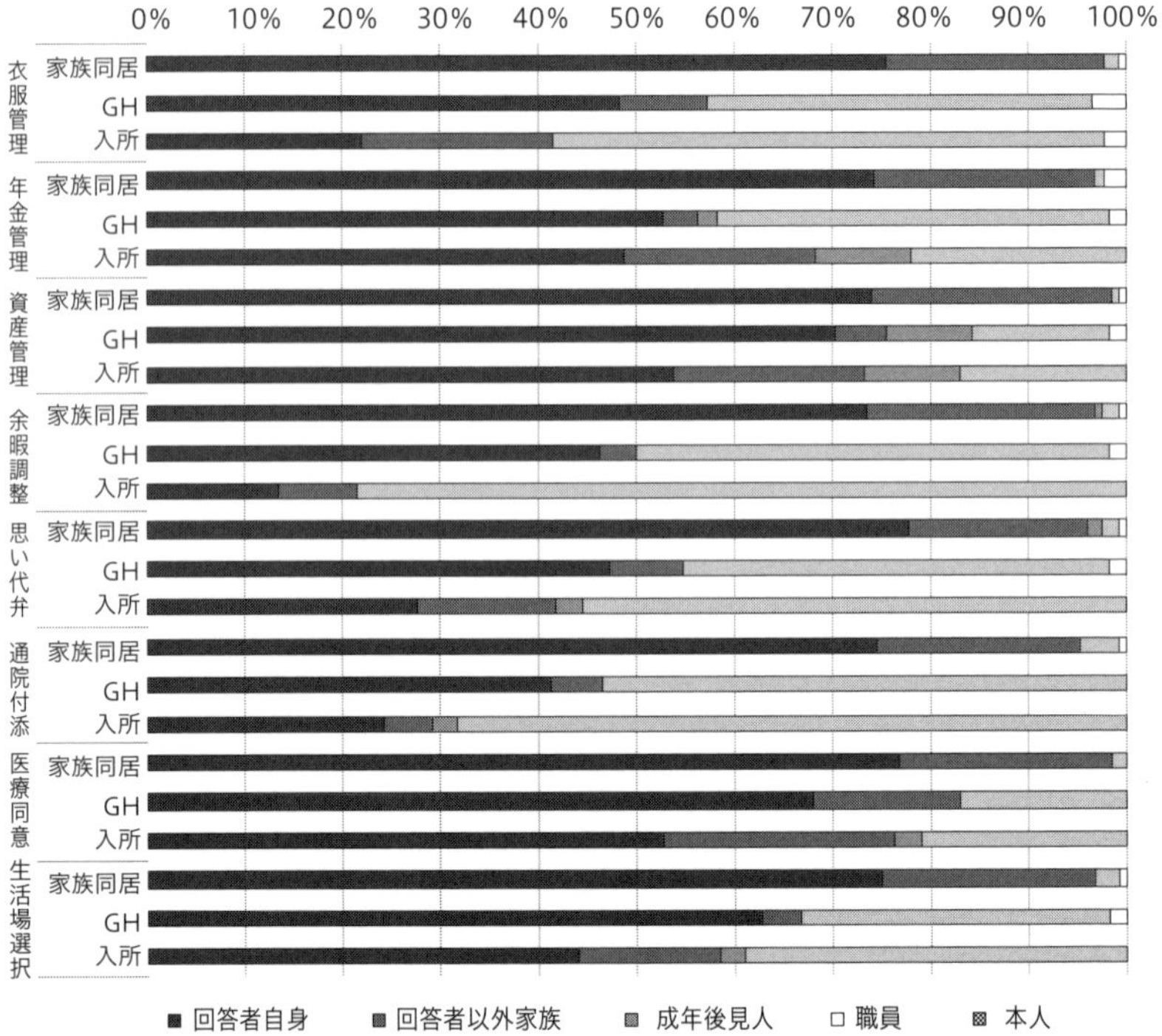

図1）家族の回答―暮らしの場別に各ケアを現在担っている人

た。
特に、グループホームにおいて「生活の場の選択」や「思いの代弁」など、本人の意思の読み取りが必要な内容に関して、不安度合いが低いことに注視すべきである。これは、GHという小集団の中での距離感が近く、本人の意思を職員が把握できている。さらには、そのことを家族が理解しているということを、職員自身が実感できていることを反映していると言えよう。一方で、医療同意や資産管理等については、成年後見制度の限界もありGHや入所施設の職員から見ても、家族が誰に託せばよいのかという不安を感じている状態であることが明らかになった。

〈ケアの移行に関する家族の不安〉（ ）内は障害者の暮らしの場

○思いの代弁
・本人は何も伝えることができない。（GH）
・入所も本人の気持ちで入れたのでないので、現在も施設から無断外出したことが最近あったとのこと、心配です。（入所施設）
○資産管理
・まだ後見人制度を利用するか悩んでいます。（GH）
・やがてはきょうだいもできなくなるので施設職員にお願いしたいと思いますが。（入所施設）
○通院付き添い
・医師との話し合いをしっかりやってほしい。（入所施設）

・通院は職員さんがやってくださってます。入院の付き添いが心配です。（入所施設）
○生活の場の選択
・今のところ私以外に考えられない。（GH）
・今までの場所でできたら生活してほしい。（入所施設）

⑤家族自身の生活・将来――職員はどこまで把握・介入するべきなのか

ここでは、家族の心身の状況や生活について、家族自身の認識と職員の把握の異同についてみていく。**表10**は年代別家族自身の加齢の影響に関する自覚の有無である。加齢による心身への影響が「時々ある」あるいは「よくある」という回答は60代を超えると多くなってくる。

一方で、職員による評価は家族の自覚と必ずしも一致しない。

表11は家族の加齢に伴う変化について、家族自身と職員がどのように感じているかについてみたものである。おおむね評価は一致しているともいえるが、網掛けの部分に関しては、家族は「よくある」「時々ある」と回答しているのに、職員は「あまりない」「まったくない」、逆に家族は「あまりない」「まったくない」と回答しているが、職員は「よくある」「時々ある」と回答しているというように、認識にズレがみられる部分である。

このような結果になる要因としては、家族の加齢に伴う変化を職員はそれまで通り、本人の身の回りのことや行政手続きなどのケアができなくなっていくという、客観的状況で判断するのに対して、家族は精神的な疲労感やストレスの蓄積（これらの要素は日々変動する）などによって主観的に実感することが考えられる。

〈加齢に伴い、家族が感じている不安〉

（　）は障害者の暮らしの場と回答した家族の年代

・最近、高齢者による交通事故が多く、考えさせられる。自分自身の免許返納までにわが子の施設等の行き先を決めてあげねばと焦ります。（同居60代）

・高齢の母、義理父母の介護があり、突発的な出来事のとき、障害の娘もいて、動きに困ってしまう不安があります。私自身病気、入院等考えられない不安。（同居60代）

・三度の入院、手術をしているので、急な体調の変化が来ないことを祈っている。もう少し、息子のグループホーム生活が、家より軸足がおけるようになるまで元気にいたいと思う。（GH60代）

・金もない、気力もない、体力もない、夢も希望もないから、心配や不安も感じられないときがある。人生どうでもよくなる。（GH60代）

表10）家族の年代と自身の加齢の影響に伴う変化の有無

		【家族】加齢に伴う変化					
		よくある	時々ある	どちらともいえない	あまりない	まったくない	合計
【家族】年代	50歳未満	0.0(0)	16.7(1)	16.7(1)	50.0(3)	16.7(1)	100.0(6)
	50代	3.1(1)	25.0(8)	34.4(11)	**31.3(10)**	6.3(2)	100.0(32)
	60代	7.4(2)	**44.4(12)**	7.4(2)	33.3(9)	7.4(2)	100.0(27)
	70代	**16.7(3)**	22.2(4)	27.8(5)	27.8(5)	5.6(1)	100.0(18)
	80代	11.1(1)	33.3(3)	22.2(2)	11.1(1)	22.2(2)	100.0(9)
	合計	3.1（1）	25.0（8）	34.4（11）	31.3（10）	6.3（2）	100.0（32）

・私は加齢から「脊柱管狭窄症」と「股関節変形症」で、腰から右足全体痛みとしびれに悩まされています。夫も右ひざと変形症と大腿部も悪く杖を使っていて週1回送迎付きでリハビリに通っています。今は助け合って生活しています。（GH80代）

このような家族の現状について、職員はどの程度把握しているだろうか。

まず、「第1ケアラーは社会的支援や介護サービスを利用しているか？」という質問に対しては、「している」7・6％、「していない」65・4％、「わからない」27・0％という回答で、3割弱の職員が状況を把握していなかった。

さらに、「第一ケアラーはサービスを利用した方がよい状態にあると思うか？」という質問に対しては、「思う」11・5％、「思わない」73・0％、「わからない」15・5％という回答で、15％ほどの職員は家族の要介護状況について把握していなかった。

そして、「過去3年以内に家族問題について、不安や悩みを打ち明けられたり、相談されたことはあるか？」ということについては、「ある」19・6％、「ない」65・3％、「わからない」

表11）家族の加齢の影響に伴う変化に関して家族自身と職員の認識

		【職員】第1ケアラーの加齢による変化					
		よくある	時々ある	どちらともいえない	あまりない	まったくない	合計
【家族】自身の加齢の影響	よくある	0.0(0)	11.1(1)	66.7(6)	**11.1(1)**	**11.1(1)**	100.0(9)
	時々ある	0.0(0)	16.7(5)	26.7(8)	**33.3(10)**	**23.3(7)**	100.0(30)
	どちらともいえない	4.0(1)	8.0(2)	16.0(4)	36.0(9)	36.0(9)	100.0(25)
	あまりない	**6.5(2)**	**3.2(1)**	22.6(7)	41.9(13)	25.8(8)	100.0(31)
	まったくない	9.1(1)	0.0(0)	45.5(5)	36.4(4)	9.1(1)	100.0(11)

15・1%という回答で、家族問題について把握しているのは2割程度であった。

③で、本人の加齢に伴う変化については、職員と家族の認識が一致するほど把握されていたことに比べると、家族の状況については、職員によってあまり把握されていないと言えよう。このことは、本人の状況については職員と家族間で、連絡帳や送迎時、電話等で詳細な情報共有がされているのに対して、家族の状況については職員が把握する機会が多くはないことが反映していると言える。

表12は、家族がどの程度、趣味や交友等、自分の時間を取れているかということと、そのことを職員がどの程度把握しているかという関係を見たものである。これを見ると、家族にとっての自分の時間の多寡に関わらず、7割以上の職員はそのことを把握していない。

もちろん、職員にとっては、障害のある人を支援するのが第一義的な仕事であり、家族状況の把握は副次的なものであろう。しかしながら、家族の状態が障害のある人の生活を左右することや、家族の社会的関係が希薄な中で、職員が重要な役割を果たしてい

表12）家族の趣味・交友に関する職員の把握状況

		【職員】第1ケアラーの趣味・友人付き合いの把握				
		まあまあ知っている	どちらともいえない	あまりない	まったくない	合計
【家族】趣味の時間を取れているか	十分ある	5.6 (1)	11.1 (2)	**44.4 (8)**	**38.9 (7)**	100.0(18)
	少しある	9.8 (4)	14.6 (6)	**41.5(17)**	**34.1(14)**	100.0(41)
	どちらともいえない	23.5 (4)	11.8 (2)	**35.3 (6)**	**29.4 (5)**	100.0(17)
	あまりない	0.0 (0)	23.8 (5)	**38.1 (8)**	**38.1 (8)**	100.0(21)
	まったくない	50.0 (1)	0.0 (0)	0.0 (0)	50.0 (1)	100.0 (2)
	合計	10.1(10)	15.2(15)	**39.4(39)**	**35.4(35)**	100.0(99)

るので、その状態把握の必要性は否めない。

表13は、家族が自分自身にケアが必要になったときの、生活の場所の意向について見たものである。これを見ると、70代、80代という自身の老いが、現実的な問題として直面する年代において、グループホームや入所施設の回答が増える一方で、4割を超える人が「わからない」あるいは「考えていない」と回答しており、自身の先の見通しがもてない状況にあることがうかがえる。

自由記述においても、子どものみならず、夫など複数の人のケアの段取りに悩んでいる様子や、これまで十分に働けなかった、あるいは、子どものための支出をし続けたことにより経済的な不安を感じている様子、その結果、きょうだいを当てにせざるを得ないと考えている人もいることがうかがえる。

〈自分が要介護になったときの暮らしの不安〉

・主人も私も国民年金のみですから、もし一人になったとき、生活が心配です。家はありますので、次男に同居してもらいたいと思っています。（同居70代）

表13）家族の年代別・自分が要介護になったときの生活場所

		【家族】今後の暮らしの場				
		家族のケアで在宅生活	支援を受けて在宅生活	施設やGHへの入居	わからない/考えていない	合計
【家族】年代	50歳未満	16.7(1)	0.0（0)	16.7（1)	66.7（4)	100.0（6)
	50代	9.7(3)	22.6（7)	12.9（4)	54.8（17)	100.0(31)
	60代	11.1(3)	37.0(10)	14.8（4)	37.0（10)	100.0(27)
	70代	5.9(1)	29.4（5)	23.5（4)	41.2（7)	100.0(17)
	80代	11.1(1)	22.2（2)	22.2（2)	44.4（4)	100.0（9)
	合計	10.0(9)	26.7(24)	16.7(15)	46.7(42)	100.0(90)

・障害の子がグループホームか施設に入れたとして、主人が病気になったとして、私が元気で看護できればいいが、主人が亡くなり、私1人が残り、人の助けが必要となった場合、施設かグループホームに入居できればいいが…と不安を感じています。（同居80代）
・不安だらけです。お金の蓄えが少なく、入所や医療費などが心配です。とても自分が施設に入所はできず在宅介護のつもりです。（入所80代）

⑥ 支援への満足度と事業所の負担——当事者・家族の満足と職員体制へのしわよせ

現在の支援について、障害者本人、家族、職員それぞれの立場で、どのように感じているのだろうか。障害者本人は、家族同居、グループホーム、入所施設のいずれにおいても、日中事業所については、8割を超える人が「満足している」と回答した（本人については、「満足している」「不満である」「わからない」の3つの選択肢で尋ねた）。また、いずれの場においても満足している（「とても」＋「ほぼ」の合計）の割合が職員、家族、本人の順に高くなっていることも特徴的である。

図2は、家族同居者における「日中」「余暇」に関する満足度を表したものである（障害者本人については、「とても満足している」と「まったく満足していない」の2つで尋ねた）。これをみると、「満足している」という回答は、いずれの場に対しても家族の方が高い。このように支援に対する職員の満足度が低くなる要因としては、後述するように多岐にわたる支援ニーズを受けとめつつも、それらに十分に対応できていないという葛藤があることが考えられる。

グループホーム、入所施設でのそれぞれの暮らしに関する意見を見てみると、グループホームは小集団ということにもよる障害者本人と職員のコミュニケーションが取りやすいことが、入所施設は個室等のハード面が家族の安心材料につながっていることがうかがえる。

〈グループホームに対する家族の意見〉

・ホームの取り組みで一か月（土曜日）に一度、行きたい所へ連れて行っていただけること。

・ホーム職員には満足している。本人と他の利用者との関係がうまく保てず困る。

・自分の思いが存分に発揮できている様子が伝わるので。

・本人と職員が話し合うことができる。

〈入所施設に対する家族の意見〉

・コミュニケーションの取り方が下手なので、仲間とのいざこざが多いので、個室での生活に満足しています

・職員さんにはよくしてもらっていると感謝しています。

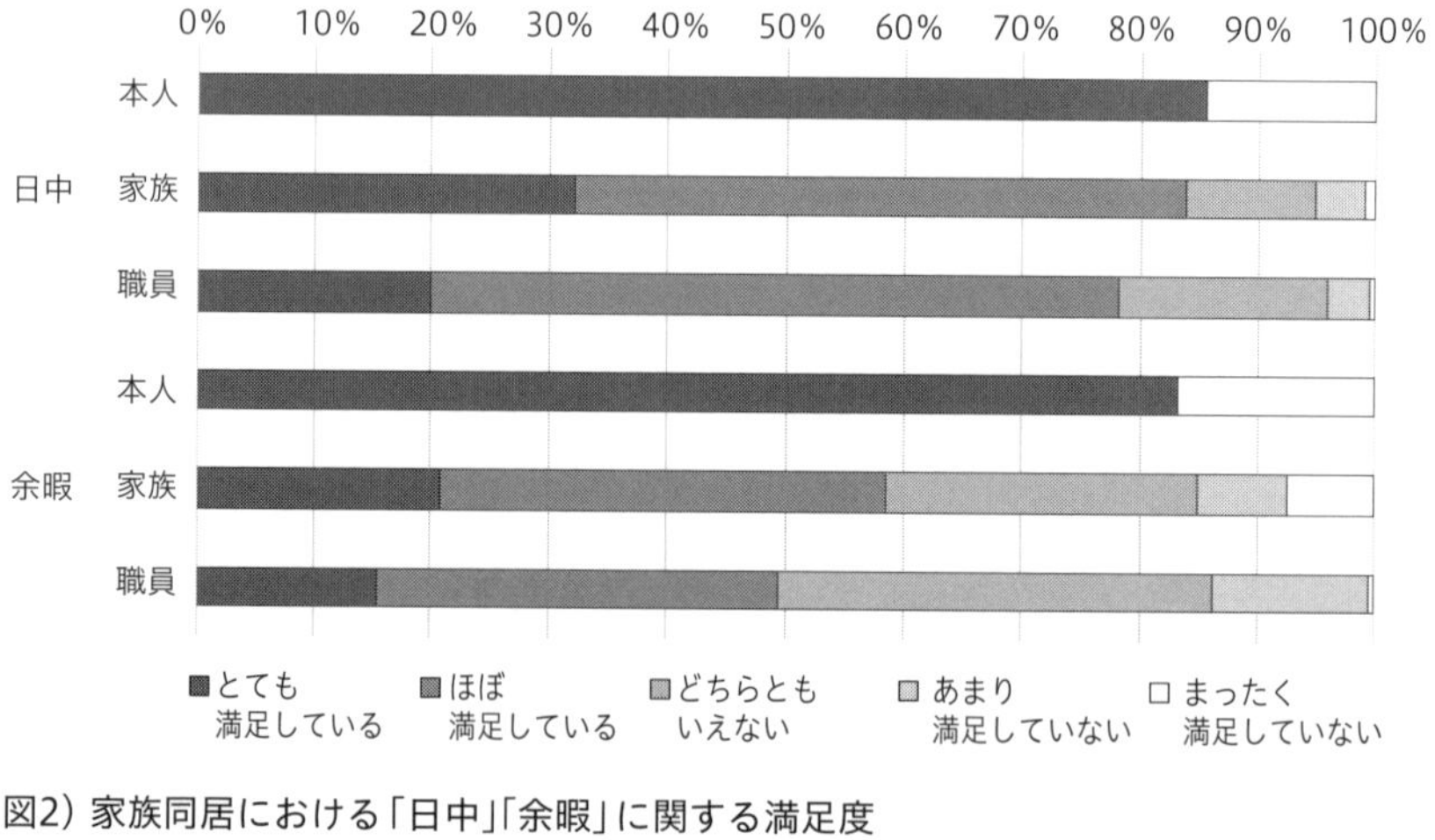

図2）家族同居における「日中」「余暇」に関する満足度

もっと職員さんを増やしてほしいです。
・満足しているが最近の部屋替えで汚い部屋に替らされたのが不満

図3は、家族同居、グループホーム、入所施設それぞれの場所で、職員がどのような支援を行っているのかということについて「1．とても当てはまる〜5．まったく当てはまらない」の5件法で尋ねたものである（円の外側に行くほど職員が行っている頻度が高い）。

通常、職員の業務範囲として当てはまると考えられる「本人以外の家族のことで他機関とやりとりをする」「本人の生活費や年金の管理」については、いずれの場においても高頻度で行っている割合が高かった。

一般に業務の範囲外と考えられる支援として、入所施設では、「医療や法律に関して本人に代わる意思決定をする」「本人の付き添いとして家族の冠婚葬祭に同行する」の割合が高く、グループホームでは、「本人の入院時に付き添い」「家族・親族の間の関係調整を図る」「本人の付き添い

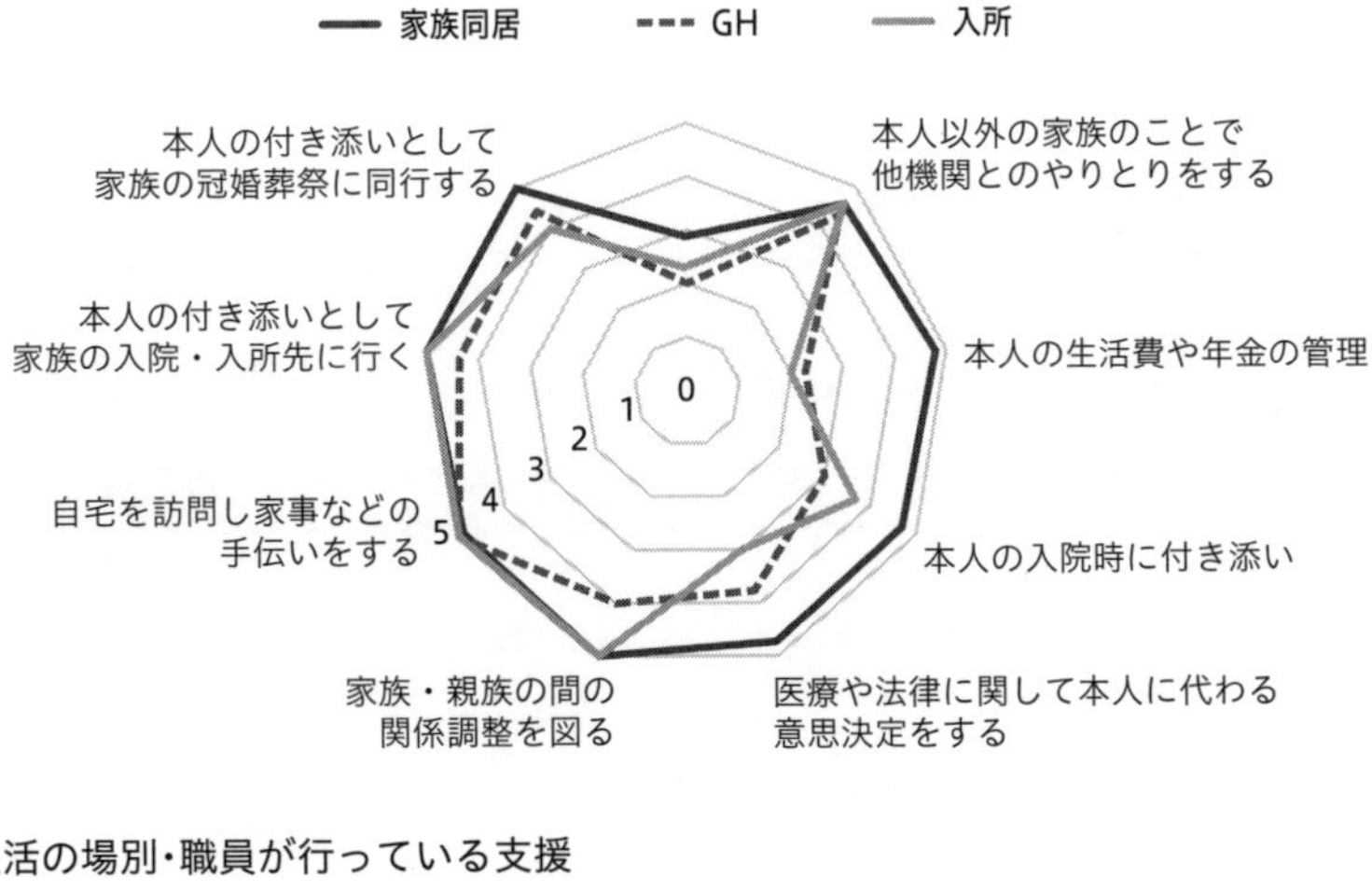

図3）生活の場別・職員が行っている支援

として家族の入院・入所先に行く」の割合が相対的に高くなっている。

またこのような家族に関わる支援を行うことで、事業所の負担や職員体制に無理が生じていると回答したのは、入所施設、グループホーム、家族同居、の順番に高くなっている。入所施設やグループホームでは家族の高齢化に伴い、障害者本人の入院時の付き添いや、家族が入院した際のお見舞い、冠婚葬祭等の付き添いなど、時間のかかる支援を家族に代わって行っており、そのことで現場の体制にしわ寄せが生じていると考えられる。

〈職員の家族支援に関わる職員の意識〉

〇金銭や財産の管理

・工賃を預かっているが、お金を預かるということは金額にかかわらず負担に思っています。

〇入院時の対応

・入院された時も片道1時間半ほどかかるため、勤務の休みで様子を見に行っていたが遠いので少々負担である。

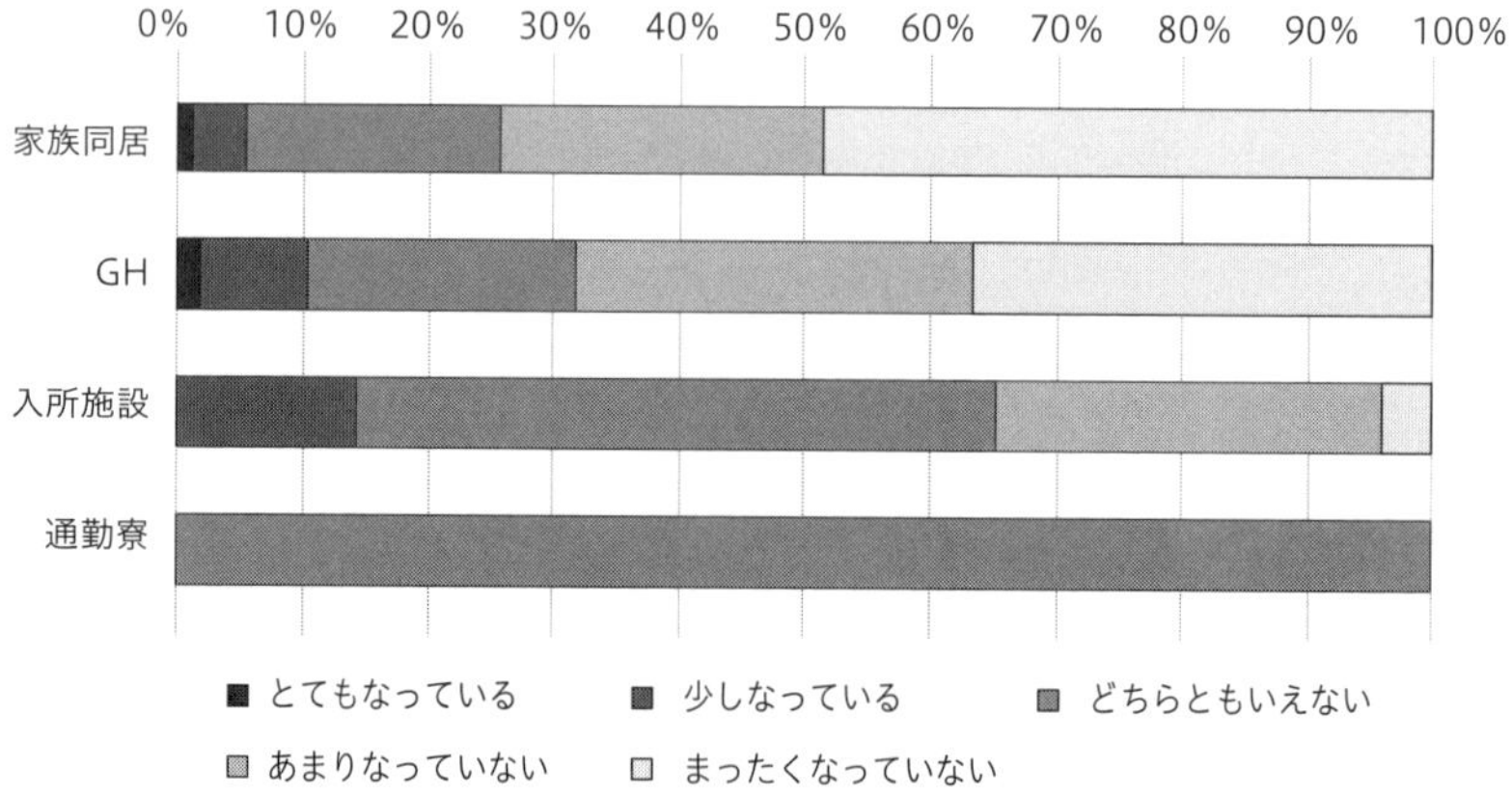

図4）生活の場別・家族支援に関わる仕事の負担感

・入院したときの対応。家族の動揺が医師を困惑させ、その後の医師の対応に変化が生じたように思われたことあり。

○他機関との連絡調整

・行政とのやりとり、ガイドヘルパー、その他施設とのやりとりを担当職員のみが担っており、責任が大きく、負担を感じることがある。

・生涯にわたっての支援を必要とされているので、老人施設や病院など他の社会資源につなげる情報提供や調整が必要です。

○意思決定の代理

・手術の同意書に関しては、命がかかわることもあり、グループホーム職員の範囲を超えていると感じてしまいました。何かあったら不安です。

・本人のホーム生活が長いため、本人の関わる一切のことは全て職員対応になっています。判断に困る場面が多くあります。

○職務範囲のあいまいさ

・親族関係で葬儀の手続きを行なった時は、どこまでがホームの仕事かと感じることがあった。

○家族への対応

・本人だけの問題ではなく、家庭の問題も多く、どこまで踏み込んで支援をした方がよいのかわからない時がある。

⑦ 法人に託される家族の思い

調査票の最後に自由記述欄を設けたところ、家族の切実な思いにあふれるコメントが多く書かれていた。その中でも印象的であったのは、ゆたか福祉会へ子どもの将来を全面的に託すようなものが多かったことである。それはゆたか福祉会の実践に対する信頼の表れでもあり、また、作業所運動や家族会など、家族自身も人生を通じて大きなエネルギーを法人に投じてきたという思いの反映とも言えよう。また、一方で、障害者を支える社会資源の不十分さに対する家族の不安がつきない中で、ゆたか福祉会に頼る他はないという思いも強いのであろう。

特に、家族同居の人たちのコメントは、生活の場を求める声や、親に代わり子どもの行く末を見届けてほしいという、切迫した思いが多く寄せられていた。

〈家族同居の親の意見〉

・お願いがあります。母親が死んだ後は生活保護の手続きがいると思い、息子のもらっているお金ではホームにも入れないと思います。私の死んだ後は、息子をよろしくお願いします。きょうだいがいても、あまり頼りになりません。

・今後、全く不安がないとは言えませんが、ご相談には十分応じていただけると信じていますので、突然のできごとが起きたとき、よろしくお願い致します。

・障害の子がいろいろな面で大変なことも多くあり、やりたいこともできづらい点もありますが、とても元気で明るく、どんなに大変でも可愛いし、この子がいることによって夫婦が助け合うことも多く、仲良くできているかもしれません。まだ私たち親が高齢でもなんとか日常生活がやっていけているので、今は精いっぱい子どもに楽しい想いを残してやりたいと思っています。

親の元気さはもう数年かと思っています。一日でも子の行く先を見届けて、安心してあの世へ行きたいのが今の願いです。…グループホームやいろいろな点で遅れているように思えます。何卒、グループホーム設立に力を貸していただけますよう、お願い申し上げます。

グループホームや入所施設を利用している家族の声としては、家族とは離れて子どもが暮らしていることに安心している一方で、今後も暮らしの場の継続的な利用を切に願う声が多く寄せられていた。

〈グループホームや入所施設の親の意見〉

・落ち着かなかった本人の状態が、ゆたか福祉会のお世話になるようになってから自信を持ち、楽しそうに生活しているのを見るときは、本当に感謝のことばしかわいてきません。肉親はさまざまな面で余裕を持って関わることができなくなってしまうときがあります。

社会とかかわり、年を重ねていく本人を見て本当に感謝しています。そして将来、親がいなくなったとしてもずっとお願いできるところと信頼しています。親も生きている間はできることをさせていただきたいと思っています。（GH）

・GHしか行く所がありませんので、絶対、本人の一生をお願いします。自分の体調については、今のところ大丈夫ですが、先のことは心配です。私たち、両親の死後、本人のお金の管理を安全な人に頼めるかが一番心配です。弟に相談しなければと思っています。弟に頼めなければ、GHの職員の方々に頼めたらと思っています。また、本人の個性はわかっている方はよいのですが、難しい子どもですので、どこでも頼めるとは思えません。グループホームの方々と、とても仲良しですので、彼の一生を頼めたら、私たちも安心できますので、よろしくお願いします。（GH）

・（長男を）入所させていただいたお陰で次男を育てることや、親の介護をすることができました。子どもたちが小さい頃、入退院を繰り返していた夫が他界しました。病弱な義母もいましたので、将来のことも真っ暗な状況で過ごしていました。

…親としての私の役割にも区切りをつける目途がやっとできてきました。今は趣味として仕事とは全く違う分野でのボランティアを楽しくやる余裕がでてきました。ゆたか福祉会に対しては本当に心から感謝していますし、どこかで必ず恩返しをしたいと思っています。（入所施設）

また、第一ケアラーがきょうだいに移行したケースにおいては、今後のケアを全面的に法人に託したいという思いが寄せられた。義きょうだいを含め、きょうだいから寄せられた意見に共通していたのは、ケアラー役割を自分の子ども（障害者本人からみると甥や姪）には引き継ぎたくないとの強い思いである。そのような思いが生じるのは、時代的背景もあると思うが、きょうだいであることで「大変な思いを重ねた」「ずっと自由ではなかった」というように長年にわたりプレッシャーを感じてきたことも考えられる。

〈第一ケアラーであるきょうだいの意見〉

・親亡き後問題ではなく、私が妹より先に亡くなったときにどうなるのだろうというのが心配です。私がずっと自由ではなかったので、何をするにも妹のことを考えて行動しなければなりませんでした。私の子どもたちには迷惑をかけたくない（それぞれの生活があるため）と思います。ゆたか福祉会なら安心して任せられると思います。

・本人が入所施設と作業所、家での一週間ほどの生活に満足しているのか、迎えにいってもごきげん、連れて行ってもごきげんな様子をいつも見てます。

不安は病気をしたときです。家族だけでは病院へ行ってくれません。数年前に病気をしましたが手術できずそのままです。痛みを訴えることもできないので様子をうかがうのみです。落ち着いた状態が少しでも長く続くことを祈るばかりです。入所施設や作業所のかたがたには、大変よく見ていただいています。ありがとうございます。引き続きよろしくお願いいたします。

5　取り残される家族の老い
——家族それぞれの人生と家族のつながりを保障する社会的支援を

本章では、ゆたか福祉会における家族の高齢化の課題について述べてきたが、ゆたか福祉会の規模や歴史を考えると日本全体で生じている問題の縮図ともとらえることができるであろうし、近い将来、多くの障害福祉現場でも経験されるであろう事象とも言える。本調査から明らかになった点を次に整理する。

第一に、暮らしの場の移行はケアの移行とは一致しないということである。暮らしの場の移行後に日常的なケアは職員に移行するものの、医療同意や暮らしの場の選択など、本人の人生に関わる意思決定や財産管理等については依然として家族が担っている。一方で、職員の側も制度外の本人の人生に関わるような重要な意思決定を担うことは負担と感じている面がある。グループホームでケアの移行に関する不安感が相対的に低いという点については、小集団実践により顔が見える職員との関係が、家族の安心につながっていると考えられる。これは単に規模の大小というだけではなく、家族とのコミュニケーションのとり方等の工夫について考えていくことが重要であろう。

また、本人との面会や帰省を通じての交流も親が可能な状況であれば頻繁に行われており、離家後の障害者本人の暮らしが適当であるか、支援が行き届いているかを常に気にかけている。家族の中には、高齢になり送迎ができなくなることで帰省や面会ができず、本人と会えなくなるということを強く不安に感じている人もいる（そのための免許返納を悩んでいるという意見もみられた）。家族が自力で移動手段の確保が困難になった場合に、障害者本人と家族の交流をどのようにしていくか、高齢期のあたりまえの親子の交流という点からも、それを保障する体制の整備は喫緊の課題である。

第二に、本人の状態に関わっては、本人・家族・職員の認識が一致しているが、家族の状態についてはズレが生じているということである。本人の状況に関しては、職員も連絡帳や送迎時、必要に応じて電話等でのこまめなやり取りを心がけており、そのことは家族にとっての安心にもつながっている面がある。

一方で、家族の状態については、職員による把握はほとんどされていない。これは職員にとっては業務外と認識される面もあるだろうし、現実的に仕事時間の中で家族自身の話や悩みに耳を傾けるゆとりがないことも起因しているであろう。その結果、いつまで子どもと一緒に暮らせるのだろうかという不安、また、家族自身の自分の老いへの不安などに職員が気がつかないということも起こり得ると考えられる。わが子のケアラー役割を必死に果たそうとするあまり、家族の老いが放置された状態と言えよう。

家族自身の生活・思いに触れること、すなわち、ケアラーとして以外の家族の人生への着目がなされるということは重要なことだと考える。家族が果たしてきたケア役割を肯定的に評価し、あるときにはケアラー以外の「自分の人生を生きてもよい」というメッセージは、身近に接している職員だからこそ伝えられるものであろう。また、時代背景も含め障害者のケアに専念せざるを得なかった家族の中には、親族ネットワークや地縁から孤立しており、子どものことのみならず、自身のことも含めて法人にすべてを委ねる他ない、という思いに至っている人もいることが考えられる。そのような思いを汲み取り、社会的つながりの重要な要素として専門職を位置づけるのが適当であろう。

第三に、職員は業務の範囲外と思われることも含め、実際に家族を支えるためにさまざまな支援を行っており、そのことは職員体制や事業所の運営等にも少なからず影響を与えている。家族の高齢化に伴い、これまで家族が担ってきた障害者本人の通院や入院の付き添い、さらには家族が入院や高齢化に際してより面会に来られなくなった場合に、本人を連れてのお見舞いや冠婚葬祭の付き添い等、長時間に及び、かつ特定の職員の関わりが求められるような支援が増えているのであろう。

障害者支援の報酬とみなされる範囲に家族への支援は含まれていない。しかしながら、長年、障害者本人にも家族にも連れ添ってきたからこそ、満足いく関わりをしたい、家族の交流を保障したいなどの思いは、職員自身あるいは集団の中にも芽生えるだろうし、それが職員自身の専門職としてのアイデンティティの確立に重要な要素にもなり得る。

施設の開所時に同年代の障害者が一斉に利用し始めるため、家族や障害者本人の高齢化に伴う問題も同時多発的に生じ、現在の仕組みでは事業所が、それらのすべてに対応するのは困難であろう。そのため職員のサービス労働やある職員が特定の支援に関わることで、現場の職員体制に無理を生じている場面も往々にしてあり、時には他の利用者の不利益にもつながっていることが推測される。

すべての課題に十分に対応していくためには、このような職員や事業所のボランタリーに頼るのではなく、アンペイド（不払い）労働になっている支援の制度化は喫緊の課題である。

今回の回答者の中には、緊急に暮らしの場の移行を要するケースが相当数含まれていると考えられる。今すぐにでも暮らしの場の移行が必要だと感じている家族や、長年にわたりケアラーであることを期待されているきょうだいの不安に応え得るように、早期に社会的な支援体制が整備されること、また、そのことを家族自身が実感し安心できることが重要であると考える。このような課題はゆたかな福祉社会のみならず、すでに各地の事業所で散見されていることであろう。今回のゆたか福祉会で得られた貴重な知見を素材に、各地の事業所でも家族支援のあり方ついての議論が重ねられることを期待したい。

（田中智子）

Part 3

障害者家族の生活歴と支援経過に学ぶ

――高齢期を迎えての暮らしの変化に着目して

1979年の作業所開設以来、半世紀という歴史を刻んできたゆたか福祉会は、親の高齢化に伴う問題を他に先駆けて経験し、また、その一つひとつの事例から、知的障害者と家族の高齢期の諸相と支援のあり方を検討する機会を与えられてきた。

本章では、プロローグとして、長期間、障害者家族に伴走することから見えてくる支援の本質とは何かを問い、それに続き、家族の高齢化に伴う問題を、家族、支援者、研究者がどのように位置づけてきたのか、聞き取り調査を交えた5つのケース検討を通して、考えていく。

*ここで紹介するケースは、プライバシー保護の観点からすべて仮名、家族は名字、本人は下の名前で記載している。

prologue

「交錯」する家族のライフステージと職員の歩み

筆者が良一さんとその両親に出会って28年、障害者の家族と職員という関係をこえて、一緒に考え、学び、共感しながら歩んできた。良一さんの両親は自身の老いを感じながら、わが子の次の生活の場を青年・成人期というライフステージの中で、どう選んで、どう変わっていけばいいのか、筆者も家族の願いや不安を共有してきた。良一さんの思い、それまでの人生の過程や苦労も含めて、きちんと職員集団として受けとめながら、親としての役割を次にバトンタッチをしていくための準備を一緒にしてきた。その過程をここでは紹介したいと思う。

❶ 良一さんとの出会い

良一さんは、あかつき共同作業所が開所した1990年に15歳で通所を開始した。当時は養護学校中等部を卒業と同時に作業所に入らなければ、定員の空きがなくなるという懸念があり、中等部卒業後すぐの通所となった。

良一さんはダウン症と最重度の知的障害をあわせもち、発語はほとんどなく「あほ、あう、おう」などの発音のみで、クレーン現象、あるいは、表情やしぐさで自分の気持ちを表現していた。

お父さんは自営業をされていて、平日はほとんど家にいない中で、お母さんが良一さんの介助を一手に引き受けていた。良一さんは、自分の思いや意向を通そうとすることが多く、お母さんはその対応にかなり苦労をされていた。夜、良一さんが寝た後で、録画したテレビドラマを見るのが唯一の楽しみと、当時の家庭訪問でおっしゃっていたのが印象に残っている。

作業所に入所後すぐは、良一さんはお母さんと市バスを乗り継いで通所していたが、女の人の髪の毛をひっぱってしまったことがあり、44歳でお母さんは半年かけて車の免許をとり、自分で運転をして作業所まで送迎をするようになる。作業所に入って1~2年たった頃、良一さんは、パニックを起こして傷だらけになることがあり、病院を受診し、服薬を調整する中で、作業所に行くことを嫌がるようになり、近所の母親の友人や高校生だった弟に手伝ってもらって、何とか車に乗ることがあった。

1995年、良一さんが19歳になった頃、筆者は28歳であかつき共同作業所に転勤になり、彼の担当職員になった。良一さんは、自分の座る場所を決めていて、作業の内容をわかりやすく声かけをすると、気持ちが切り替わり、仕事や活動ができるようになり、見通しをもって作業所生活を送れるようになった。自分の思いをわかってくれる環境の中では、パニックもほとんど起きなくなった。

お母さんは良一さんが落ち着いた生活を送れるようになっていく中で、バザーや行事に協力的になっていった。そして、16年間作業所に通い続けることができた。

❷ 作業所に通えなくなって

その後、人事異動により、筆者があかつき共同作業所を去った後の2007年、良一さんは31歳の時、急に作業所に持っていくリュックサックを投げ、「作業所に行くのはいや」と表現するようになった。「行かない」と意思表示をするようになり、作業所の職員が迎えに行っても、家から出られなくなった。その後、良一さんは2年間家で過ごす日々が続き、特に1日中対応をしていたお母さんは大変な毎日だった。作業所の職員が関わっても上手くいかず、見守るしかなかった時期であった。

お母さんと2人だけの生活になると、なんでも良一さんがお母さんに命令をして、お母さんがそれをかなえるという一方向の関係性になり、「テレビのチャンネルを変えろ」「食事を出せ」等々指示をし、要求がかなえられないと怒ってパニックを起こすことを繰り返し、お母さんは彼の言いなりになるしかないという状況であった。このころは、まだ、相談支援事業もなく、お母さんが一人で抱えざるを得ない、大変な時期だったと言える。

その後、作業所の職員からの紹介で、良一さんは近くにできた入所施設に、月に1回1週間、ショートステイの利用ができるようになり、昼間は作業所の職員にショートステイ先から作業所にまで送ってもらって通えることになった。お母さんとしては申し訳ないと思いつつ、ほっとした時期だった。やがて、2週間から3週間、連続したショートステイの利用ができるようになったが、母一人ではショートステイの施設まで送迎ができなくなり、父が仕事から帰った夜にしか家から出られなくなった。

❸ ゆたか希望の家のショートステイの利用から正式な入所へ

2008年10月、良一さんがゆたか希望の家のショートステイを使えないかとお母さんから電話があり、作業所の職員から在宅になった経過を聞き、ショートステイを2週間利用してもらうことになった。その後、名東区の入所施設とゆたか希望の家のショートステイを交互に2週間ずつ、約1か月間連続した利用ができるようになった。

しかし、2009年4月ゆたか希望の家の建替工事期間と重なり、34歳の時に希望の家のショートステイの事業を休止せざるをえなくなり、ショートステイの利用は名東区の入所施設での2週間のみになってしまい、良一さんとお母さんにとって、2番目につらかったのがこの時期だった。1か月の半分は家に引きこもりの状態になり、物を投げては壊して、どんどんストレスがたまっていった。人が好き、大勢の人がいるのが好きな良一さんに、それを保障してあげられないことが母親として、とてもつらいと感じていたのではないだろうか。ショートステイ先から家に帰る際もいやだと言ってなかなか大変で、そんな時期が3年間続いた。

2012年8月、37歳の時にゆたか希望の家の全部の建替工事が終わり、ショートステイの利用を再開した。そして、2014年5月、良一さんは39歳、お父さん66歳、お母さん65歳の時に、ようやく、ゆたか希望の家に入所をすることができた。

良一さんはゆたか希望の家に入所後、労働を核とした活動ではなく、多様な日中活動を行う一休庵に所属をして、午前中は現場での創作、ペットボトルのラベルはがし、音楽などに取り組み、午後はペットボトルの納品、ドライブ、散歩と、外出の見通しがもちやすい日課になった。仲間と職員が大好きで、自分から仲間たちに関わることがあり、お風呂は特に大好きだった。

ゆたか希望の家に両親が面会にくると、良一さんは、両親にすぐに「バイバイ」をする。ここは自分の生活する場所で、両親が来るところではないとわかっているための彼なりの表現として受けとめている。

良一さんは職員の動きをよく見ていて、施設での生活にすっかり慣れてきたと両親も実感している。「職員さんに丁寧に対応してもらっているので、感謝しています」と語ってくれた。

その後、しばらくは両親が2か月に1回の家族会の際に面会に来てくれるという関係性は続き、家族会の活動にも行事ごとで協力をしていた。しかし、お母さんは足を悪くして、ゆたか希望の家まで来るのがしんどくなってきて、家族会をお休みするようになった。

❹ 両親の高齢化

2022年5月にお父さんが転倒し足を骨折して入院、お母さんも膝を悪くして杖が必要になり、介護保険のリハビリ通所にタクシーが必要な状態になった。良一さんの介護ができなくなり、両親としては、「今後は施設に全面的にお願いしたい」「楽しく健康で元気に暮らしてくれたらいいなあ」という意向を示された。

入所した頃は良一さんの衣類はお母さんが購入し、親としての役割を大切にされていた。しかし、両親も高齢化し、車で長距離の運転をしてくることがだんだんしんどくなり、衣類の購入については担当職員にまかせるようになった。年金の管理は、父親が骨折をしてしまったので、施設管理に変更をすることにした。そして、今年、年に1回ある懇談会に初めて弟さんが遠方からいっしょに参加をしてくれた。入所から8年、親としての役割を少しずつ、弟さんや施設の職員に移行しはじめている。

重度の障害をもっている仲間と家族が、作業所に通えなくなった時に、関わってきた作業所の元職員として何ができるのかを考えつつ、支援を続けてきた。つながりや関係を切らずに、その時その時にできることを関係者と情報共有をしながら、調整をして関わりを続けていくことが、家族を孤独にさせない一番大切なことなのだと思い、さまざまな機関と相談をして関わってきた。

ゆたか希望の家のショートステイを再開した時、良一さんがやっとここが自分の生活をする場なんだと確かめるように、走り回っていたことが昨日のように思い出される。今では、朝ごはんを食べ終わってから、一休庵の現場への移動を他の仲間の様子を見ながら待ったり、「ごはんだよ」と声をかけてもらうのを待っていたり、生活の主人公になって、元気に毎日を送っている。

❺ 家族に寄り添う職員として

筆者が28歳の時にあかつき共同作業所に転勤し、19歳の良一さんに出会い、あれから28年、良一さんは47歳になる。お父さんは74歳、お母さんは73歳、お互いに歳をとった。

青年・成人期というライフステージの中で、良一さんと家族の思いを職員がつかみ、それまでの人生の過程や親の苦労も含めて、きちんと職員集団として受けとめながら、相談員と共に、親としての役割を次の方にバトンタッチをしていくための準備を進めていけたらと思う。良一さんの障害が重くなったり、高齢化によって身体障害をあわせもつようになったり、家族の健康面の変化があったりすることも想定できる。そうしたことも見通しながら、今できることを最大限に準備や工夫をしておくことが大切だと改めて思う。

地域生活をしている障害者とその家族に、何ができるのかの検討は、1969年に「ゆたか共同作業所」が誕生してから53年という年月がたつ中で、その中心的な役割は相談支援専門員に移ってきた。同時に、一番身近で仲間の様子を知っている通所施設や入所施設、グループホームの職員と共に、連携しつつ、仲間を支えていくことの大切さを再認識させてもらった。

生活のさまざまな面で常に支援が必要な仲間の場合は、家庭から通所することが難しくなった時に選べるサービスが本当に少ないという実情があった。特に入所施設のショートステイは、どこも定員がいっぱいの状況が続き、7名のショートステイの定員が2か月前の予約の日に土日は、すぐにいっぱいになるという現実があり、調整は苦労の連続だった。作業所への通所がさまざまな理由で困難になり、ロングショートステイを利用する仲間たちは少しずつ増えている。そんな中で、通所がむずか

しい場合のショートステイの利用は、最優先で調整をしていく必要がある

筆者は職員として、所属や立場が替わりながらも、良一さんと家族に、28年間、関わってきた。いろんな職員にバトンをつなぎながら、関わってきて、まさに、良一さんや家族の歴史と共に、職員として悩み、学び、共感しながらいっしょに歩んできたと実感している。

（佐藤さと子）

CASE 1

施設入所までの経過とその後の支援をめぐって

●作業所職員、入所施設職員がみる英明さんの「自立」―施設入所への移行と現在

❶小規模作業所の立ち上げと認可作業所への取り組みの中で

加藤英明さんは南養護学校卒業後、小規模作業所「フレンドハウス南」に入所した。フレンドハウス南は、英明さんが入所する1年前に設立した小規模作業所（無認可作業所）である。加藤さん一家は父、母、姉、みんなとても人当たりがよく、ご家庭のことなどを職員には積極的に話をしてくれた。

母親の加藤さんはフレンドハウス南立ち上げの中心メンバーのひとりとして、入所前から親の会などの活動にも積極的に参加されていた。当時は福祉施設の数は少なく、選択できる作業所は多くはなかった。認可作業所と無認可作業所では大きな格差があったため、フレンドハウス南も地域にある無認可作業所と同じように、認可作業所を目指して取り組んでいた。認可作業所になるためには自己所有の土地、自己資金が必要であったが、ただでさえ少ない運営費のため、自己資金づくりにはとても苦労していた。安定した運営ができる認可施設になれるのか見通しはなく、家族も職員も先が見えない不安の中で過ごしていた。

そういう状況の中、将来への不安や多くのバザー等の自己資金づくり活動の負担から、フレンドハ

ウス南を辞めて他の認可施設へ移動する家族もあった。そういった方たちを、残った家族は表立ってとがめることはなかったが、気持ちよく送り出すということはできていなかっただろうと職員も感じていた。加藤さんも事業所の中で活動の中心人物ということもあり、特にそうした感情はあったのではないかと推測している。

❷ 母との関係の変化

入所したての英明さんはとても社交的であり、出会う人すべてにあいさつを行うような人懐っこい性格だ。繰り返し同じ単語を発し、その返事をすると、喜んで止まらなくなることがあった。仕事も好きで、ボルトのねじ回しなど、単純反復の作業をすることはできたが、話を始めると作業の手が止まってしまうこともしばしばあった。

ドライブ時に座席へのこだわりは強く、いつも座っている助手席を取られてしまうと、不機嫌になる時が多かったが、それ以外の日常的な生活では多くの支援が必要な方ではなかった。

20歳ぐらいから、思春期も関係してか、母との距離を取ろうとする姿がよく見られるようになる。加藤さんが声をかけると「知らん!」と反発することが目立ってきた。特に朝の登所場面では、加藤さんが「作業所行くよ」と声をかけると「知らん!」

笑顔が素敵な英明さん

と反発して、下唇を突き出し固まって動けなくなることが目立ってきた。手を引いて一緒に行こうとしても手を振りほどき、さらに苛立ちを見せることもあった。

何時間も家の前で立ち止まり、加藤さんも遠くから見守っていることがしばしばあった。ところが、作業所から職員が迎えに行き「作業所に行こう」と声をかけると、とたんに気分が変わり「くるま！」などと叫んで、喜んで出勤することができていた。

❸ 作業所に行けない日が増えてくる中で

作業所内では機嫌のよいことが多かったが、英明さんが自分の思いと違うことがあると不機嫌になる時が増えてきた。しかし、楽しい話などに切り替えると機嫌が直り、次の行動に移ることが何とかできていた。

ただ、機嫌よく自宅に帰っても、翌日になると作業所に出勤できず、職員が迎えに行くということが頻発してきた。また、作業所から迎えに行っても、車に乗らないことも多くなってきた。

加藤さんは小規模作業所ゆえに厳しい職員体制の中、迎えに来てもらうことなど、自分の子どもだけに、職員の時間を使わせて迷惑をかけていると感じていたようであった。職員が「迎えに行きましょうか？」と聞いても「忙しいのに申し訳ない」「送迎されるのが癖になる」など断ることも増えてきた。英明さんの出勤率もどんどん下がっていくなか、移動支援なども提案をしたが、今度はヘルパーさんに迷惑がかかると話をされて、結果的に利用することはなかった。

作業所内でも、徐々にこだわりが強くなってきて、機嫌を損ねると動けなくなったりすることも見られてきた。ただ、作業所では本人との距離をとったり、違う職員が声をかけると、気分が変わったりと、何かしらの方法で対応することはできていた。一方、ご家庭では家族だけで対応されていただけに、とても大変だったであろうと推測される。

父親、姉ともとても協力的な家庭であったが、二人とも日中の時間は仕事があるので、平日の日中は母と二人だけの関係となっていた。この頃になると、ちょっとした言葉かけ一つで機嫌を損ねることも多く、母、子ともにストレスを多く抱えていたと思われる。大きな声を出せば母が困ることを本人は知っており、状況によっては大きな声を出したり、自分のあごを強くたたくなどの自傷行為を行い、加藤さんは精神的に追い詰められていった。まさに思春期的な時期を迎えている状況になっていたようだ。

健常者であれば自分から家を出ることや、友達と遊び、ストレス発散するなどして、関係を少しずつ解消することができるかもしれないが、障がいを抱えている英明さんは一人で行動したくても、常に母親の協力が必要で、もどかしくつらい思いをしていたのであろう。通所できない日は作業所からも職員が迎えに行き、加藤さんと対応を変わるなどしてきた。しかし職員体制上、頻繁に行うこともできなかったことや、加藤さんも作業所に迷惑をかけているという気持ちも強くなってきていたように感じている。英明さんの通所拒否が増えてくるのと比例して、加藤さんと作業所との精神的な距離も少しずつ離れていったように感じている。

❹ 家族の決断～入所の選択～

２００６年にフレンドハウス南は、日ごろから、作業所の運営に関する助言などいただいていたゆたか福祉会から、フレンドハウス南をみのり共同作業所分場として、発展させていくことが提起された。私たちはゆたか福祉会の提案を受け、ゆたか福祉会のみのり分場と合流し、認可作業所を目指すために、新たな物件を購入した。運営母体も親を中心とする運営委員会から、ゆたか福祉会に移って小規模作業所「フレンドハウス南」は「ワークセンターフレンズ星崎」として再出発することになった。利用している関係者にとっては喜ばしい出来事であったが、新たな施設は英明さんの自宅から遠くなってしまい、さらに出勤できないことが増えてきた。

そういった不安定な状況と重なるように、加藤さんが病気になってしまう。家族レスパイトの目的でゆたか希望の家のショートステイの話をすすめていく中、定員に空きが出たこともあり希望の家の入所となる。加藤さんとしても、これまで抱えてきた複雑な想いの中での決断であったと感じた。

加藤さんにとって、作業所を辞めてしまうということは、これまで一緒に頑張ってきた人たち（家族集団、職員集団）に対して、申し訳ないという気持ちがあったのではないかと感じている。当時の小規模作業所というのは、わが子の進路先で困っていた家族集団で作り上げていったという経過があり、家族集団の結束力がとても強く、作業所を抜けづらい雰囲気があったのだろう。先の見えない小規模作業所時代から、ゆたか福祉会という大きな法人に加入できたことや、みのり分場と合流し、一般認可が認められるという道筋が見えて、小規模を守っていくという責任感からも解放されたことも、希望の家の入所を決断ができた大きな要因ではあっただろうと感じている。

⑤ 施設入所～日中活動での変化

英明さんは入所と同時に、作業所からゆたか希望の家の生活介護に活動の場を移したが、作業所での支援目標を継続して、まずは本人が通いたいと思える場所づくり、本人が楽しいと思える活動を、本人と職員と一緒に模索していくことに取り組んだ。入所当初はあすなろ班(重度の利用者の班)だったが、すぐに大黒班（軽作業班）へ異動。２０１０年から日中活動の多様化・充実を目指して新たに立ち上げた「一休庵」へ班異動となった。

一休庵は労働を核とした活動ではなく、利用者が行きたい、そこで過ごしたいと思える場所づくり、また利用者一人ひとりが興味をもち、力を発揮できるように音楽活動、工作、園芸など多様な活動に取り組んでいる班である。

生きいきとした表情で活動に参加する様子、積極的に取り組む姿勢が見られるようになり、当初の「毎日活動に参加できる」という支援目標から「自ら積極的に興味のあることを見つける」という支援目標となった。

⑥ 入所後の生活と英明さんの変化

在宅生活の頃、家族では対応が困難であった偏食・拒食、物や場所に対する恐怖、人物を特定しての反抗行為が課題だった。

加藤さんからは「初めて発作を起こしたのが20歳くらい。

連絡ノートの英明さんの写真

発作の後が大変で、英明は何が起こったかわからず、不愉快になって荒れる。大きな声を出したり、今まで息子のことを怖いと思ったことなかったのに、目がすわって、怖いと思った。息子が、自分の方が強いと思いだしたのか、何を言っても言うことを聞かなくなった」

「作業所に卒業後行っていたが、何かにこだわるようになると、朝から作業所にもいけないし、家の中にいる。ひどいときは荒れる、大声や自傷がでる。一日でも同じことを言う。コーヒーとなると、それが出てこないと怒る。それを止めると、「いい加減にしろ」と言う。小さい頃は、人前に出ても問題なかったのが、高等部を出るころから、こだわりが出てきだした」と在宅生活での困難さ、英明さんとの関係の難しさが語られていた。

ゆたか希望の家では「生活環境の変化の少なさ」「職員が変則勤務で交代制のため、複数の職員が英明さんに関わることができる」という、入所施設ならではの環境が英明さんにプラスに働くことが多かった。大声を出し続けていても慌てて止めるのではなく、ゆったりとした声かけをしながらクールダウンするのを待つ。朝起きるのが苦手で、起きられず大きな声が出たら、気持ちが切り替わるように違う職員が対応する。物や場所に対する恐怖はアイデアを出し合い、時間をかけてさまざまな支援に取り組むなど、英明さんのペースに合わせての継続的な支援に取り組んだ。

現在でも、気に入らないことがあれば大きな声が出るが、そのような場面は減り、笑顔が多くご本人もゆたか希望の家の生活を楽しんでいる様子がうかがえる。

❼ 家族との関係の変化と施設に対する思い

ゆたか希望の家では、1980年の開所から「権利の主体としての人間らしい生活」「生活と労働、教育を統一して作り出していく施設づくり」を目指している。入所者が人間として尊重され、自由・プライバシーが大切にされる。毎日の入浴保障、夕食は18時、朝食は7時半、買い物や散歩が自由にできる。施設の季節行事の他、毎月1回の班別の取り組みを通して、社会経験を積み重ねて、生活の幅を広げる取り組みを継続している。

そうした生活リズムの安定、継続的な日中活動の参加、生活の幅を広げる取り組みの結果、英明さん本人や家族との関係が変化していく様子が、家庭帰省時に様子を双方で伝え合う連絡ノートの記述に表れている。

2007年12月（入所後　はじめての家庭帰省）

正月でおばあちゃんやみんなに会い、私たちもついつい英明の思うようにしてしまうので、わがままになりがちです。希望の家に帰り、わがままが出ないかと心配しています。

2009年2月

いろいろとご迷惑や心配をかけ申し訳ありません。随分とひどいこだわりなのか、頭の中に妄想みたい急に「こわい」と言い出したことがあります。その時はいろいろと広がり、1日の生活リズムもめちゃくちゃになり、着るものも同じものしか着ない、食事も食べるものが決まってしまう、夜も布団に入らず寝ている英明のところに布団をもっていくことがあり、１日１日が本当につらく苦しかった。それだけでも大変なのに、発作もあり申し訳ない気持ちでいっぱいです。

２０１１年３月

楽しそうな写真をありがとうございます。いつもお世話をかけて申し訳ございません。英明のこだわりや頑固なところ、気持ちの切り替えができなく手を煩わせていると思うと本当に申し訳ありません。それなのに、いろいろな所に連れていってもらっているのにびっくりします。家族ではできないことが多く、いつも感謝しています。

２０１４年１月

私が親戚の対応などで英明に構うことができず、気がつくと大きな声で怒っています。希望の家でもわがままを言うのではないかと気になります。少し我慢をしてくれるといいのに。本当に申し訳ありません。私にとって希望の家がなかったらと思うだけで…。その分、職員さんに大変迷惑をかけてしまい、本当にすいません。

２０１５年７月

朝から大きな声を出して怒っているので、私も頭にきてしまい、しばらく放置しておきました。いつもこんなに大きな声で怒っているのかと思うと、どうしたらいいのか…。こんな日が毎日だと思うと職員の皆様もストレスが溜まり、ごめんなさい。すいません、私の育て方なのかもしれません。後悔している母です。

2018年1月

親戚一同でいただいた写真を見て、こんなところに連れていってもらったんだとか、美味しそうに食べている写真をみて話がはずみます。

2019年4月

私が風邪を引いて、咳をしていると「大丈夫?」と言って背中を撫でてくれたので、ありがとうと言うと「はーい」と言っています。

ゆたか希望の家　30周年記念誌より

帰省して、希望の家に送るとき、英明の顔がとてもいい笑顔をして、振り向くことなく希望の家に入っていく姿を見て、親として本当にうれしく思います。あの子の居場所がここにあるから、こんなにいい顔をするんだと思い、本当に感謝しています。

❽ 施設が果たす役割

10年ほど前、懇談会で英明さんが入所して、また自分が働きに行けるようになったり、自分の時間が増えたと楽しそうに話していた加藤さんが、入所するか作業所に残るかずいぶん悩んだことを聞き、自分の時間を取り戻せる選択をすることと、入所するか悩むことは矛盾するのではないか疑問に思ったことが強く印象に残っている。

私なりに出した結論は、職員は理性的に入所が最善と判断するが、親が子に対して抱く感情とは正誤だけで判断できるものではない。重要なのは決定する場面で最善に導くことではなく、決定するまで悩む間、決定した後の揺らぎも含めて、ご本人や家族それぞれの立場にたって物事をみて、共に考える存在なのだということ。迷惑をかけているという気持ちを抱いている加藤さんが、入所という選択を後悔しないために、施設が果たすべき役割とは何か？

施設に入所するということは、単純に世話をする人間が変わるといったことではなく、親元から離れて「利用者自身が自分の人生の主人公として歩みだす」ことである。英明さんは一人の大人として、親元を離れて自分の生活を築いている。英明さんが生きいきと生活すること、変化を実感して親が入所を決断してよかったと感じられるように、ご本人だけでなく、家族の気持ちも支え続けることが重要と考える。それこそが施設の、施設でしかできない役割であると考える。

（倉地伸顕・稲垣伸治）

CASE 1

【母親と職員へのインタビュー調査を通して】

施設入所後にみる「母親役割」の継続

はじめに――家族の生活歴と障害症状の変化

2018年10月、田中・藤原は加藤さんの自宅を訪問し、60代の母親から息子の英明さんの幼少期から、現在に至るまでの経過と、家族の生活歴等について話をうかがった。

英明さんは、出生後まもなく、脳の疾患とてんかん発作の診断を受け、「長くは生きられない」「小学校に行くまで元気でいられるかどうかもわからない」こと、「将来にわたり、単独歩行が困難である」ことを医師から伝えられた。母親は、医師の診断を受けとめつつ、障害のある子どもを積極的に外に出した方がよいという、訓練機関の助言を得て、障害児保育を実践している保育所に英明さんが通園できるように動いた。保育所が療育も一生懸命やってくれたことに母親は安心し、特別支援学校入学後も、家族で旅行を楽しむなどができていた。

20代になると英明さんは、てんかん発作による体調不良が生じ、本人も不快感が残り、気分が荒れるようなこともあった。その時期には、母親の言葉かけにも応じない等、ケアが難しくなり、物へのこだわりも出てきて、家庭での生活において、母親が困難を感じる場面が増えた。通所先の作業所も休みがちになる中で、英明さんに付き添う形で母親も外出ができなくなっていく。そして、家族は、英明さんの「自立」を考え、施設入所という選択に至る。

インタビュー時点で、英明さんは「希望の家」に入所をし、10年が経過したところである。施設に入所する前は、英明さんのケアに時間がかかりすぎて一日の大半が過ぎていたが、入所後3年ぐらい経った時に、「自分の人生を取り戻した」と、母親は振り返り、施設での子どもの生活に安心をしている。その安心感は、確かにあるのであるが、子どもが将来にわたって施設で過ごすことができるのかという不安も一方ではにじませている。高齢期の母親は、これまでと現在の次のステージとして、家族と子どもの「老い」に対する思いも吐露されていた。暮らしの場を施設に移した子どもの将来と、親がいつまでもその行方を見守ることができるのかという懸念が、そこには潜在する。

比較的早い段階で子どもが施設に入所をすると、その後の暮らしの様子を母親は見守ることができ、メリットがあると言われてきた。本事例からは、施設に入所後も、母親役割が継続し、その質的・量的な変化に家族が直面することも明らかになる。長期にわたって施設の子どもを支えるという役割を、母親は、どのように捉え、実践してきたかをここでは考えてみたいと思う。

①英明さんの施設入所までの経過

加藤さんは、子どもの幼児期には、保育所での療育と自身の就労が両立しており、障害のある子どもの育児に対して、「そんなにしんどくなかった」と述べている。しかし、青年期以降、英明さんの生活リズムが乱れたり、発作で不穏になると、母親も余裕がなくなり、母子の関係性にその要因があるのではないかと、自身の養育態度や関わり方を責めるような心情になっていった。

その頃の英明さんは、起床後に発作が起きると、不穏になり、トイレも行かない、薬も服用しない、食事もとらないという状態に陥り、ケアする母親は、「よっぽど自分と相性がよくないのか、自分に反抗している」と捉え、住宅密集地で大きな声を出されると困るので、息子の言うことを聞くしかない…と、追い詰められていた。英明さんが作業所に通所できない期間が長引くにつれ、母親のストレスもたまり、「明日も行かなかったらどうしよう」「夜も寝てくれない」という心境になったと言う。

そして、「家で見るのは限界だけど、自分で産んだ子だから自分でみたい」と考える一方、「もっと軽い子どもだったらどこでも預かってもらえるけど、こんなに障害の重い子どもだったらない」と、入所という選択を前に、母親は逡巡していた。事業所への通所を拒むことから、「24時間在宅になってしんどい」が、「施設にお願いするという踏ん切りもつかない」「こんなに重い障害の子どもをどこが預かってくれるのだろう」という葛藤を抱えていた。

そこで母親は、事業所に相談をしたり、施設での短期入所を試みている。職員は、在宅か施設入所という選択肢を示すのではなく、母親の抱える不安や葛藤を傾聴し、「在宅生活を続けたいが、そろそろ限界を感じる」という、母親の矛盾した気持ちのそのままを受け入れていた。

その頃、母親は病気で入院し、英明さんは、父親や遠方の祖母のケアも受けつつ、希望の家の短期入所を利用し、それをきっかけに、入所の話が具体的に検討されるようになった。父親は定年退職前であり、定年後は息子への関わりが増えることを想定していたため、そのタイミングでの施設入所を家族としても躊躇した。

施設入所直前は、24時間ずっと在宅であり、英明さんは不穏な状態であった。英明さんも家族も穏やかに過ごすことはできず、「こんな日がいつまで続くのだろう」と母は感じていた。そして、英明さんの自立という面から、施設入所を考えることを、職員から提案され、入所に対する家族の意向も固まっていった。

この間のいきさつを、加藤さんは、「入所施設に入れたのは、宝くじに当たったようなものだと思っている。自分が倒れて、短期入所で少しずつ慣らして入れたのは、親としてもタイミングがよかった。それがなかったら、親としてもまだ自分が見られると思っている」と振り返っている。

②入所後の母親役割

家族が悩み、葛藤し、話し合い、英明さんは30代の初めに希望の家のメンバーとなった。

母親自身の体調不安がある中で、母親は最後まで、在宅の可能性も模索していたようであるが、入所という判断を肯定的に受けとめていることも、母親の述懐からは伝わってきた。

入所後の子どもの生活の様子、発作や排便の状態を職員との連絡ノートを通して、母親は把握することに努めている。入所後に英明さんが購入した洋服を、「若い職員が選ぶのがおしゃれだなと思った」「洋服や靴下に名前を書くための、白い布を縫いつけているのをみて、親ではなかなかそこまでできないと思う」と語るなど、職員への信頼感も厚い。

自宅への帰省時に、他の入所者が、「いつ帰ってくるの？」とか、施設に帰ると「おかえり」と言ってくれるのを見て、「この子がここにいるというのをわかってくれると思う」という安心感も得ている。職員が、入所後の暮らしに対する要望や希望を母親に尋ねた際、「本当に幸せなのだと思う」と、子どもの様子を表現し、施設のケア、外出機会、挑戦する活動に満足していることを伝えていた。

一方、英明さんが自宅に戻る機会を母親は非常に大切にしており、インタビュー時には、月3回、金曜日の15時に迎えに行って、日曜日の15時に施設に子どもを送っていくというパターンで帰省を実施していた。帰省時は「在宅」になるという、母親の言葉通り、入所した息子が自宅で過ごす期間は、すべてのケアが家族に任され、排泄や移乗で抱える動作もあるため、両親がそろっていなければ帰省はできない。子どもを帰省させたいという気持ちがある半面、その「在宅」期間には、ホームヘルプサービスや、入浴サービスを利用できないゆえの困難も顕在化していた。「後10年で、親が80歳になると、帰省も難しくなってくるかもしれない」と母親は危惧している。自分たち夫婦がメインで帰省を受け入れる時は、娘がその手助けという形になるが、娘がメインなるのは難しいと吐露している。

英明さんの経済面に関しても、子どもの年金が不足することを案じ、きょうだいにはお金で迷惑かけたくないことからも、母親自身が就労し、「自分が働いているのは、息子に残したいという思いがある」と発言されている。「娘は家族もいるので、今の自宅に息子を1か月に1回、帰省させるのも無理だと思う」と話し、「私たちがあいだに入っている間は、何事も起きない。親が元気な間は、楽しいことをいっぱいして、いろんなところに行けるとよい」と述べていた。

英明さんは、帰省から戻ると、すぐに家族から離れて施設に入るなど、英明さんにとっての「家」の認識が希望の家にあると感じる場面を家族も目の当たりにしてきた。施設入所によって、子どもの暮らしが落ち着き、施設を自分の居場所と定めて、その環境に馴染んでいることを母親も実感している。ただし、それは安心材料であると共に、その暮らしが将来にわたって継続するか否かという不安と表裏一体である。つまり、子どもが施設に入所したことが、ケア役割のゴールではないことが、本事例から、明らかになった。

③ これからの「不安」——疾病に伴う医療との関わり

筆者らが加藤さんにインタビューを依頼したのは、英明さんが施設に入所をして、十数年がたち、子どもの暮らしも親の生活も落ち着いている時期であった。施設職員は、「英明さん自身のことは何も心配がない」と捉え、加藤さんも、子どもの施設での暮らしに満足している様子がうかがえた。

そうした状況の中で、母親は、「もし願いごとを一つ、きいてくれるとなったら、1日早くこの子を見送って逝きたい」と述べられていた。その理由として、「英明のことを娘やその子どもに託すというのは、それは無理」「息子が（病気になると）どういう状態で生きていけるのか、入院が長くなればどういう状態になるのかわからない」ということであった。

加藤さんは、これまでの英明さんとの暮らしの中で、娘の協力が大きかったことにも言及している。英明さんの対応を直接的にしてくれることに加え、共感したり、相談したりする対象でもあり、すでに離家をしている娘は、実家のことを支えてくれている。娘の夫も、英明さんのことを気遣い、英明さん自身も慕っているという良好な関係であるが、そのことは、加藤さんにとって非常に心強い反面、自分の家庭を築いている娘に迷惑かけたくないという意向もある。娘とその夫との関係性に障害のある弟の存在が、影響を及ぼすことは、絶対、回避したいと言明されていた。

また、「一番怖いのは、入院して……病気になったらどうなるのだろう。今だったら、がんだとかも不安」と、英明さんの健康状態を何よりも心配している。英明さんの既往歴から、病気で入院する可能性、その時の治療方針の選択、症状の表れ方、英明さん自身が抱くであろう不安感等々を予想し、とりわけ、医療機関に入院することになった場合の、英明さんの対応力や受けとめ方が母親の心配事となっていた。それは、実際に英明さんが入院した際に、スムースに医療行為ができず、治療が中断するという経験があり、母親は再度、症状が出で入院加療することを恐れていた。また今後、医療が必要になった時は、施設から出なければならないのではと心配している。

英明さんが闘病することになったら、施設の職員や姉ではなく、自分で何とか最後までみたいという思いを母親はもち、「特別手がかかるのを娘にさせるのは気の毒」「職員さんは仕事だからと言ってくれるけど……」という気持ちが、「一日でも先に逝ってくれたら」につながっていくと推察できる。息子の最後は、「ゆたかで迎えられたら」という発言と、施設や娘ではなく、母親自身が英明さんを看取りたいという思いは矛盾しているのではなく、英明さんの疾患を想定し、希望の家を出なければならない事態を覚悟しているようにも見受けられる。

つまり、そうした不安を漠然と抱いているというよりは、起こる事柄を予測し、できうる対処を準備していることがうかがえる。先述した、将来の子どものための費用に関しても、仮に、英明さんが入院した場合には、家族が付き添えない分、誰かが24時間付き添うための費用がいるから、少しでもお金を残したいと考えていた。

施設入所は、障害のある子どもの日常的なケアの担い手が、家族から職員に替わるという大きな変化であり、それにより、親の心身の負担や時間的・物理的な困難が解消されることは確かである。しかし、子どもが入所をした後で、家族は新たな心配や不安も抱えていく。加藤さんの場合は、子どもの障害症状や体調のことであり、診断や治療を誰が選択するのか、また、その時に誰が子どもを看るのかということである。障害者が親元を離れて生活することは、「自立」という節目として捉えられ、親にとっても、養育のゴールとみなされる向きもあるが、施設入所後の親役割が継続していることを加藤さんは示唆している。

④入所施設の機能――家族に安心を提供するために

母親は、障害のあるわが子を懸命に育て、子どもの自立の道を探り、家を離れてからも、英明さんの現況を把握し、帰省を迎え入れ、十分に母親役割を果たしてきた。高齢期を迎えた母親のライフステージは、これまでも、現在も、障害のある子どものケアという役割が一貫してあったことが自明である。多くの障害者の母親がそうであるように、加藤さんは、生涯、ケアする母親であることを自身の使命と考えているように思われた。

英明さんの日々の様子を連絡帳で把握している点は、既述した通りであるが、職員との面談の機会については、「親として職員に会えない」という傾向を加藤さんは指摘している。定例の懇談会や家族会はあるものの、帰省の送迎時などに、子どもの担当者と会って話す場面が少ないという含意である。この点は、職員の側も、「家族に会う機会が少なく、情報共有が不足」と認識されていた。

加藤さんは、自分の優先順位の1番は、子どもがお世話になっているところであると述べ、施設の行事などに欠かさず参加してきた。母親としては、自分のできる限りのこととして、希望の家に足を運び、一人の親として協力を惜しまず事業所に関わってきた者として、職員とわが子のことを共有できる機会を期待しているのではないだろうか。

その背景には、「施設に子どもを預けた」ことを、母親が時に自責し、時に消極的な評価を周囲から与えられていることがあると筆者は考える。つまり、施設での暮らしが安定的に経過し、親もそのことを認知していたとしても、子どもが入所施設で生活していることをより肯定的に、客観的に、職員と共有することが必要であると思う。

長い期間、英明さんと家族に寄り添った職員は、入所の経緯について、次のようにコメントをしている。「母親の病気入院がきっかけではあったが、母親が英明さんとの関係に悩み、一緒に暮らしていた頃は、関係が近すぎて、メンタル的に厳しくなった」。そして、入所時の加藤さんの様子を振り返り、「施設は環境の変化も少ないので、家にあったいろいろなしがらみから解き放たれた感がある。家庭にはない、落ち着いた、変化の少ない環境というのは、重度の自閉障害の人には大事なのなのだと思う」と、この間の英明さんの暮らしを評価している。

入所前に母親が抱いていた、「障害の重いわが子が施設という集団生活の中でやっていけるのか？」という憂慮に対して、職員は英明さんの暮らしぶりを詳細に伝え、外出や旅行などの写真を見せ、施設の行事や忘年会に家族を誘うなどの取り組みもしてきた。親が知らない英明さんの一面を見て、エピソードを聞き、家族は、子どもの世界が広がっていくことに安心し、施設の暮らしに満足をしていく様がわかる。情報共有や連携という、どの機関でも重視されていることが、「あたりまえに」「日常的に」行われていることが、離家後の家族にとって、いかに安心材料になるかが示されている。

先述した通り、英明さんの体調が悪化した時に、医療機関で治療を受けられるのか、健康状態が変化した場合でも施設に残ることができるのかを、母親は心配している。疾患の症状や医療の必要性によって、人はどこで最期を迎えるのかを規定される面があり、現代社会では、障害のあるなしに関わらず、それを予見できない面がある。

障害者家族が描く、先々の心配は意味がないと思われたり、その時になってみないとわからないと言われると、そうなのかもしれない。しかし、障害者が医療を受けることのハードルは、症状を訴える、検査を受ける、診断や病状を知る、治療方法を選択する、そして、実際に治療を受ける、そのどの段階においても高いと言える。家族の不安はそれを想像していたり、経験していたりするがゆえのものであり、「子どもが入所施設にいるから安心」とはならない面も、再認識するべきであろう。

入所施設での24時間365日のケア、そこに家族は安心感を持ち、入所を決める。では、その後の暮らしの中で、健康面の変化や高齢に伴う諸症状が出てきた時には、どうなるのか。施設入所の機能で、障害者の看取りをすることができるか否かは、ケースバイケースであり、議論が必要なところである。それを踏まえつつ、施設入所という選択が、家族にとってのゴールではないことを承知し、家族と共に模索を続けていくことが、我々に求められているのではないだろうか。

⑤「入所施設」再考

高齢期の障害者家族と、支援する職員の双方にインタビューを実施したことにより、障害当事者の生活歴と、これからの暮らしのありようが、「立体的に」見えたという印象がある。長くかかわる職員も知る機会がなかった、英明さんの在宅時のエピソード、母親が見ていない、施設の仲間と寛ぐ英明さんの表情、どちらの描写も英明さんのリアルな日常であり、英明さんの多面性に気づき、知ることは、家族と支援者双方にとって有益である。

家族からは、事業所への満足感と感謝と共に、子どものことをもっと聞きたいし、知りたいものの、「担当職員になかなか会えない」という指摘もあった。一方で、職員からは、親に希望や要望を聞くと、「お任せします」という回答が多くなったという傾向も示唆された。「施設に対する絶対的な安心感というのは、親御さんにとっては安心感だろうけど、施設側は困っている。親御さんとの関係において施設側が強くなりすぎると感じている。月に数日しか会わない親と、毎日をケアする施設とでは、本人に関する情報量が違いすぎる。お任せになってしまうと、家族によるチェック機能が効かなくなる」「重度の人の家族ほど、要望は言えないと思っている。要望を出したら、施設にはいれなくなっていると思っている」ということも付言されていた。

施設入所後も、子どもに対する責任感を強く抱いている親は、要望や意見を職員に出すことにも積極的であるはずと、ステレオタイプ的な発想を筆者ももっていたが、家族はその自責感に基づき、重度の子どもをみてもらっている施設に対しては、感謝と遠慮が交錯し、沈黙をしてしまう。その沈黙を職員はリスクと捉えているが、入所施設が、子どもにとっての今の安心だけではなく、これからの希望になることが期待されている。障害のある人の暮らしの場への関心と関わりが、社会全体でも高まることが、高齢期家族の安心につながると考える。

（藤原里佐）

「家に帰りたい・家に帰らせたい」
――家族との交流をサポートしている職員の想い

❶制度の壁や課題にぶつかり断念

当事者の障害が重くなっていくのにつれて、家庭帰省時に自宅で過ごすことが困難になっている事例が出てきています。

グループホームを利用している徹さんを例にとると、家庭帰省時は、トイレに行くのも介助なしではいけないため、自宅和室にポータブルトイレを設置していましたが、段々そこへ行くことができず畳の上にブルーシートを設置して、そこで排泄しなくてはならなくなりました。入浴についても清拭をするのみになっています。

以上のような状況から自宅への帰省は、本当はむずかしいのではないかと感じています。ただ、家族、本人の「家に帰らせてほしい」「家に帰りたい」という思いから、帰らないという選択肢を実行に移すことはできないでいました。

自宅帰省日にヘルパーを使おうと思いましたが、自宅帰省した日は居宅介護などの制度が帰省時の支援に使えない制度設計になっていることや、そもそも制度を使ったとしても、ヘルパー不足を理由に受けてくれる事業所がないことなど、制度の壁や課題にぶつかり断念した経緯もあります。また、何度か自宅訪問する中で、お母さん自身の大変さを目のあたりにして、私が徹さんの自宅近くに住んでいることもあり、「買い物ぐらいなら僕が行きますよ」と伝えたことも正直に話せばあります。

仲間の「母親のそばに居たい」という思いやご家族の「ホームに迷惑ばかりかけるのは忍びない」という思いから、なるべく家族との交流機会を支援したいと思っていましたが、本格的に自宅帰省が困難になってきました。

いろいろと考えた結果、お母さんにホームに定期的にきていただくことで、両者の想いに寄り添うことができるのではと思いました。ホームの職員がお母さんを自宅へ迎えに行き、ホームで徹さんと一緒にお昼ご飯を食べたり、ゆっくり過ごす時間をつくり、帰りも職員が自宅までお母さんを送って行く予定でした。しかし、お母さんからは「迷惑がかかるし、子どもがおちつかなくなるから」と、この支援はお断りがありました。

❷当然の権利がかなえられない

2022年7月に、ホームのサービス管理責任者・主任とお母さんの3人で話し合いをし、帰省を長い休みだけにすることになりました。お母さんも苦渋の決断の様子でした。

徹さんも、帰らなくなって3か月ぐらい経過した頃から、土日になると「お母さん」「家帰る」と泣きながら訴える場面が見られるようになりました。車イスにのり自分で何とか動かして、玄関のカギを開けて出て行こうとすることが多々ありました。その様子をみると、二人の仲を引き裂いている気がして胸が締め付けられる思いがします。

自分たちにとっては、会いたいときに親に会えるのは当たり前のことであり、当然の権利だと思いますが、障害があるがゆえにその「親に会いたいというごく普通の願い」が、かなえることができなくなっていたり、今回のように支援者が断腸の思いで制限（結果的に引き裂くことになる）せざるをえないケースが今後も増えるのではないかと感じています。

その度に職員としては、今回のような矛盾を抱えながら、自らに「しょうがない」ことと自分自身に言い聞かせながら支援を行うことはとてもしんどいことだし、できればやりたくないことです。そうならないためには、高齢の家族とその仲間を支えることのできる制度やサービスが拡充することが必須だと思います。

現在、現場では家族が高齢化していく中、ホームの仲間たちの帰省ができにくくなっており、また障害の重度化も相まって体制を整えることの困難さも出てきています。

❸親と子が望む社会保障や制度を

生活を支えていくための支援を担ってくれるヘルパー不足等もあり、必要があってもサービス利用ができない現状があります。その仕組みをかえて、ヘルパーを自由に利用することができて、親と子を支える制度に変わっていくことを切に願います。

また、家族が亡くなったり、高齢施設に入られたりする中でキーパーソンが、きょうだいに移ってきています。家族がしてくれていたようなことを同じようにきょうだいに求めるのは、それぞれの家庭がある中で、難しいこともあり大きな課題となってきています。今後も、高齢化が進んでいくと、よりそういうケースが増えていくことになり、ホームの職員としては、どうやってその現状を受けとめて支えていくのかを早急に考える必要に迫られています。

親と子がいつでもお互いのことを思いやりながら、それぞれの人生を歩むことができるような社会保障や制度の実現を、自分自身の課題として今後も取り組んでいきたいと思います。

（石田誠樹）

CASE 2

母亡き後の父子生活──在宅の継続と限界

●ヘルパーの視点からみる高齢父子の在宅生活──博さんの選択を尊重するための支援

はじめに

博さんは毎朝8時半には通いなれた作業所に行っている。開所時間は9時半だが早めに通所しているようだ。私がなぜ早く通所しているのかを尋ねると「近くの公園で職員と一緒にタバコを吸って、話をしながら待ってるんだわ」と少し頬を緩めながら答えられた。人と関わることが好きな博さんは、開所前に一服しながら喫煙仲間とゆっくり話す時間をとても大切にされている。

博さんは軽度知的障害、年齢は60代中盤になる。現在は作業所、相談支援事業所、ヘルパー、グループホーム（GH）の社会資源を利用している。家族は80代後半の父親が地域で一人暮らしをしており、実家には「荷物を取りに行くだけ」「親父とは話さない」とたまに帰省してはいるが、父親と関わることは少ない。

2021年にGHを利用し始めるが、母親が亡くなった2002年からの約20年間は父との二人暮らしをしていた。この約20年間で「生活の変化」「父親の高齢化と病気」「さまざまな社会資源の利用」「博さんの高齢化と病気」「博さんの想いの変化」など、多くの変化があった。ヘルパーとして断片的な関わりの中で、作業所や相談支援事業所と連携しながら、博さんの支援を行ってきた。そんな中で見えた「第一ケアラーからケアを引き継いだ父親」と「博さんの生活の選択」にスポットを当てて報告していきたい。

❶ 母親の死と生活の変化

母親に関して博さんは「優しかった」「何でもしてくれた」とよく語ってくれる。博さんの日常的なケアや家事など、生活全般を担っていた母親が２００２年に亡くなった。父親のことは、「よ〜く怒られた！」「怖い！」「関係が悪い！」と今でも話されることがあるが、そんな怖い存在で、関わり方がわからない父親との二人暮らしが急に訪れることとなった。

博さんは養護学校高等部卒業後、職業訓練校に通い、その後は一般企業含め10社近い職場を、「人間関係の悪化」「仕事ができない」といった理由でリストラされてきた。母親が亡くなった後、それまで通っていた職場も同じ理由からリストラされた。そこで自宅から近い、現在通っている作業所に通いはじめるようになる。

当初は、作業所でも、他の利用者と金銭のトラブルがあった。また日常的なケアが母親から父親に移行したことで、身辺がみるみる変化していった。母親は博さんの身だしなみをきれいに整えていたが、亡くなってから博さん自身、入浴が苦手だったこともあり、身だしなみ含め外見の変化がわかるようになっていく。洗濯や整容、掃除等は博さん自身で行うことが難しく、博さんの部屋は物であふれかえるようにもなっていった。

❷ 父親の入院とさまざまな社会資源の利用

2012年の夏に父親が心不全を起こし、手術を行うことになった。病院との兼ね合いもあり、父親の入院期間は約3か月間だった。博さんは最初、法人内の近隣にあるGHで夕食をとってから自宅に戻り、日常的に必要なお金は自宅の隣に住んでいた父親の妹から受け取る形で生活をしていたが、父親の妹も高齢で病気があったため、金銭の管理も後にGHが行うようになっていった。入院期間が長かったこともあり、途中から法人内の市外にある入所施設で短期入所利用することとなった。

当時利用したGHや入所施設に関して博さんは「タバコは吸えない、お酒も飲めない」「食事が口に合わん」「しゃべれない利用者が多い」「山の中でコンビニがなくて困った」など、「制限が多い生活」や「他利用者との関わりが難しい」ことから、施設での暮らしは漠然と「生活しにくい」「楽しくない」イメージを持ったようだ。

同年冬、相談事業所からの提案で、ヘルパーを週二回利用するようになる。当時の利用目的は大きく分けて「入浴」と「部屋の掃除」の二つだった。当初は、自宅で入浴することが環境面、そして本人の自立度の面でも難しかったため、作業所を早退して、ヘルパーとともに近隣にある銭湯に行き、入浴、洗髪や洗体などの一部支援するといった内容だった。自宅の掃除は、主に博さんの部屋を中心に、博さんと一緒に確認しながら整理や掃除を行っていたが、博さんにとって必要なものとそうでないものが混同しており、整理や掃除もなかなか進んでいかなかった。

しばらくして通っていた銭湯が廃業したことをきっかけに、自宅での入浴に切り替わっていく。身体や頭髪の洗い方は銭湯で身についていたため、ヘルパーが浴室の掃除をし、沸かし方を伝え、入浴後に博さんが拭くことができない部分をヘルパーが拭く、拭き方を伝えるなどの支援に変化していった。

月日が経過していく中でヘルパーも担当者が変わり、「入浴支援」や「部屋の掃除」の支援拒否が増えていった。最終的には直接的な支援は減り、帰宅前にショッピングモールに行き、ウィンドウショッピングや買い物中の見守り、道中は博さんの話を聞いて自宅に戻り、帰宅後に髭剃りの支援を行うのみとなっていった。

❸ 漠然とした将来への不安

ヘルパー利用時に博さんから「親父が死んだら今の家にずっと住むのか」「食事はつくれないから困る」「いつももらっているお金はどうなるのか」など、ぽつりぽつりとだが、ヘルパーに不安を言われるようになっていた。「家に居たくない」といった理由で、朝早く自宅を出発し、作業所が終わった後もヘルパーと帰らない日は、近くのコンビニや公園で過ごし、夜遅くに帰宅することも増えていった。

博さんの通院は父親がずっと同行していたが、次第に博さんだけで通院することが増え、診察時の医師とのやりとりや服薬管理など、誰も把握していない状況になっていた。また博さんの「朝食はない」といった発言や何日も同じ服を着て作業所に通所している状況など、父親の高齢化とともにケア不足が徐々に目立つようになっていく。

父親は作業所やヘルパー事業所、相談支援に対して不満や要望を言われることはなかった。モニタリングなどで話を聞くと「博より重度の利用者もいる中で、博に対する支援はこれ以上望めない」と言われた。福祉の現状を見て、「多くを望めない」「期待はできない」という見解だった。

関わっていた職員は、博さんの現在の生活と父親が亡くなった後の生活を心配していた。博さん自身の高齢化も進み、年々通院が増えていく中で、本人の健康状態や通所時の様子から衛生面や生活状況の悪化が目に見えてわかるようになってきていた。関わっていた職員が博さんや父親に次の暮らしの場を提案したこともあったが、博さんは父が入院した時に体験したGHや入所施設の印象が強く、毎回拒否をされていた。また父親も「博が拒否するなら、それ以上は難しい」となかなか進展していかない状況に周囲は焦りを感じていた。

❹ 生活を変える選択と決断のタイミング

2020年12月、博さんは皮膚から細菌が入り炎症を起こす蜂窩織炎により、足の腫れと痛み、その後すぐに胃腸炎による発熱や嘔吐など、立て続けに体調を崩した。体力と気力が低下し、それまで、ほぼ毎日通っていた作業所を遅刻や欠勤することが増えていった。父親は博さんの通院に同行することが難しかったため、作業所職員が同行していたが、ヘルパーにも依頼があり、通院支援も行うようになっていく。

急激な状況の変化に伴い、2021年2月に博さん、父親、作業所職員、相談支援員、ヘルパー事業所職員でサービス担当者会議が開かれた。博さんと父親の思いの確認をしながら今後の生活に関して話し合いを行った。現状に関して、作業所職員や相談支援員が博さんの想いに寄り添いながらも健康面や今後の生活を考え、GH見学の提案をした際に、博さんは「お酒が飲める」「タバコが吸える」「食事の好みが合う」などの希望はあったが、拒否するのではなく、「GHを見学してみる」と言われた。これまでずっと拒否していたGH見学を博さん自身が決断したことに、私はとても驚き、衝撃を受けた。

担当者会議では、他に博さんの体力低下や足の痛みを考慮し、作業所は朝、送迎車で自宅まで迎えに行くこと、ヘルパー事業所は通院支援を行い、通院内容を作業所職員と共有すること、相談支援員は本人の希望に沿うGHを探し、見学を進めていくことで、それぞれの役割分担が行われた。

2022年5月から計3施設の見学に行き、博さんが気に入ったGHには2泊3日の体験利用を複数回行った。日々の生活は作業所とヘルパーで支え、GH見学や体験に関係することは相談支援員が行い、体験利用の前には自宅を訪問して外泊するための準備を一緒にするなど、それぞれの役割で本人に寄り添い続けた。そんな中で現在入所しているGHの管理者が博さんの希望する生活を受け入れてくれたことで、同年7月にGHの入所が決まった。

その当時、私は博さんがこのタイミングで決断をしたのは、博さん自身が健康状態と今の生活に限界を感じたことが、次の生活を選択することにつながったのだと考えていたが、後々、博さんの担当相談員の話から、その決断ができた背景に「作業所職員との関係」があったことを知った。

⑤ 決断の背景にあったもの

担当の相談支援員が私に語った内容で、キーワードとなっていたのは「認められた、受け入れられた体験」だった。もちろん決断のタイミングでは、「博さん自身が体調を崩したこと」「今までできていた生活ができなくなったこと」も要因になったことは考えられるが、それ以上に、長年、作業所で博さんを支援していた職員たちの中からキーパーソンが現れたことが大きかったようだ。

「母親の死と生活の変化」の中で記述したが、博さんは一般企業含め10社近い職場を、「人間関係の悪化」「仕事ができない」「手癖の悪さ」といった理由でリストラされてきた。生活の中で「自分が認められた、受け入れられたと感じる経験」は少なかった。博さんは人と関わることが好きではあるが、人の気を引くためにその場に適さない言動や他者にいたずらをするなど、人との関わりで不器用さがあった。思い起こしてみるとヘルパーを置いて一人で帰宅していたことが何度もあった。そんな博さんも作業所の職員は受けとめ、認めていたことは次第に生活の中で本人が主体的に動く自信につながっていった。

また博さんが選んだ現在利用しているＧＨの管理者は、当初から博さんを認め、受け入れていた。博さんが望むもの、希望する生活を否定することはなかった。決まりやルールではなく博さんに合わせてくれたことが、そのＧＨで暮らすことを選択した理由となったようにも思う。

⑥ ＧＨ入所後の暮らし

ＧＨを使用してから数年がたった。体力と気力が低下していた時期があったとは思えないぐらい、博さんは生きいきとして活力がある。時折、ヘルパーとして私も博さんの通院支援に行くことがある。作業所にうかがうとすぐに出発されることは少なく、「この仕事を片づけてから出発する」と仕事にも力が入っている様子と、作業所が博さんにとって大事な居場所となっていることが垣間見える。病院までの道中では、携帯を確認しながら通院先や薬をどうするかなど、博さんから教えてくれることもある。日々ＧＨの管理者とメールのやりとりをしており、ＧＨの管理者とも良好な関係が築けている様子もうかがえる。

買い物上手な博さんは、最近自転車を購入された。ＧＨ管理者や作業所職員とも相談をし、許可を得て通所時に乗っているようだ。ヘルメットを被り「お疲れさまでしたー！」と言いながら、自転車に乗って作業所を後にする姿は今の生活を前向きに、また主体的に楽しんでいるように思えた。また父親も博さんがＧＨに入所できたことに胸をなでおろしていると担当の相談員から聞いた。

⑦ どこで暮らすかではなく誰と暮らすか

生前、母親が博さんのケアや家事など、生活全般の多くを担っていた。母親の死後は、父親が代わりにそのすべてを引き継ぐわけではなく、社会性や経済面など、父親の役割を全うしながら、できる範囲で博さんのケアと家事などを行っていた。母親が担っていた博さんのケアや家事などは、さまざまな社会資源を利用しても、すべてを補うことはできなかった。そのことを考えると障害者家族の第一ケアラーになることが多い母親は、生活全般のことと子どものケアに人生の多くを注いでおり、その母親が亡くなることで本人、そして家族にとっても「生活の質」が大きく変化することにつながり、変化した「生活の質」を、以前の状態に戻すことは難しかった。

博さんがヘルパーを利用し始めた時期は、母親が亡くなってからしばらくたっており、父親と2人暮らしの生活だった。当初の支援は「入浴」と「掃除」だったが、振り返ってみると、博さんにとってヘルパーはずっと職場以外での話し相手だったのかもしれない。ヘルパーの職種上、断片的に関わることが多く、ヘルパーが支援したからといって生活の質や衛生面が大きく改善されたわけではなく、できることの少なさや制度的な限界もあった。

博さんの「生活」は、関わる職員から見ると衛生面などの状況は改善されていくことはなかったが、博さんも父親も今の生活を変化させることは望まなかった。博さんが望まなかった理由としては「今よりよい生活を想像できなかった」ことが考えられる。また父親も福祉の現状を見て、現状以上の期待はできず、またしなかったのだと思う。

博さんの健康状態が悪くなったタイミングで、博さん自身がその必要性を感じ、選択し、生活を変化させることを決断したが、決断できた背景にあった「人から受け入れられた、認められた体験」は「想像できない生活」に対して、選択や行動をするきっかけになったのかもしれない。

生き方や生活の選択は本来自由なものだが、障害者を取り巻く現状はGHや入所施設になると個より集団が優先され、利用者は何かを妥協して、多くの折り合いをつけながら生活している。また博さんの生活に関して、GHや入所施設を利用するのではなく、社会資源を利用しながら、地域で一人暮らしをするという選択肢は、支援者にはなかったように思う。それは本人の健康面や衛生面を維持できるか、継続的に利用できる社会資源があるかなど、支援者が現実的に、その生活がイメージできなかったからだと考える。今の日本の社会福祉では、利用者が望む生き方や生活を選択できる現状にないのだと思う。

博さんが生活を変化させるまでに取り組めたこともあるのかもしれないが、ＧＨに入所するまでの過程には支援者が博さんを受け入れ、認めながら、各事業所が生活状況を気に留めていたこと、変化した際にすぐに協力し連携したこと、それは関わっていた事業所の職員が博さんの今と将来の生活を考え、日々支援し、長年寄り添い続けた結果だと思う。博さんが生活で重要視していたことは、どこで暮らすか、どんな暮らしをするかではなく、「誰と暮らすか」だったのかもしれない。ＧＨでは友人もできたという。受け入れられ、認められる環境の中で、自分の居場所を見つけた博さんは、今、主体的に生活を楽しんでいる。

（早勢　滋）

CASE 2

第一ケアラーの不在がもたらす困難

【父親と職員へのインタビューを通して】

はじめに——父親が語る「父子生活」

父子で在宅生活を送る松本さんにインタビュー調査を依頼したのは２０１８年の12月であった。松本さんは当時80代後半であり、一人息子、博さんの在宅生活を支えていたが、父親自身も体調を崩し、大きな手術、長期の入院・加療の経過もあった。高齢で、健康上の不安を抱えながらも、松本さんは、ゆたか福祉会やきょうされんの行事などに熱心に参加をするほか、町内会の役員なども担っていた。

息子のケアについては、妻亡き後20年がたち、「慣れているから大変という思いはない」と発言される一方、「自分も10年、20年と生きられるわけではないので、今のところ、後見人を早急に探さなければならない」と、コメントされていた。

博さんは、母親が亡くなった後にゆたか福祉会とつながったため、生前の母親がどのように子どもに関わり、また、博さんの生活設計をどう描いていたか、事業所の職員も、実際のところはわからないということであった。父親によると、子どもの障害原因のことで母親が長く悩み、母親自身も体調を崩したこと、子どものケアは母親が全面的に担い、将来の生活についても具体的に考えていたということであった。博さんが高等部卒業後に就職するも、勤務先が何度か替わった際、母親と共に就職先を探すなど、父親として、子どもの進路選択などに関わってきたことを松本さんは述懐していた。

博さんの現況については、「家事を手伝うということはない」「手洗いや洗面などができない。寝るときも着替えができず、洋服を着たままである。整理整頓できないから、部屋に物が散乱する」と父親は評している。それは、「小さいころのしつけができなかったせいもあるかもしれない」と付言されている。

父親は、妻亡き後に、保護者として関わることになったゆたか作業所や、他の社会福祉法人に対し、「期待もできない」と述べ、「それなりにはやってもらっているると思っているが、それ以上のことは頼めない。自分の息子は一人で動けるが、一人で動けない人もいて職員が手を取られている。こういう施設の場合、人材不足、収入もよくない、職員の定着率が悪いと聞いている」と、自分の子ども以外の利用者の状況もおもんばかり、加えて、職員の待遇や労働環境に触れ、多くを期待するべきではないという見解に至っていた。他方、職員が支援ニーズ確認するたびに、父親は、「継続的に本人と関わってほしい」という主旨の発言をされており、福祉現場の事情を推察しながらも、職員への希望と信頼を背景にした上でのコメントであったことが推察できる。

① 博さんの「自己決定」

博さんは、高等部卒業後、10か所以上の職場を経験し、母親が亡くなった40歳頃に、なるみ作業所への通所を開始している。父親が60代、息子が40代当時の父子生活も、職員からみると、衣食住の面では、当初より、困難さがあったと認識されている。具体的には、食事が菓子やカップ麺であったり、住環境が整っていなかったり、身の回りの衛生が保たれていなかったりすることである。父子共に歯の疾患があり、普通食が咀嚼できないため、食べられるものも限られ、二次調理が必要となっていた。そのことは、食生活、栄養バランス、健康管理上の課題にもなっていた。父子二人暮らしでありながらも、博さんは自室で過ごすことが多く、朝は早目に家を出て、作業所近くで時間をつぶすような過ごし方もされていたということである。

父親は自身の年金から、博さんに2日で1000円の小遣いを渡し、工賃8000円と合わせて、本人が自由に使っていた。室内が乱雑で不衛生な状態であったことから、部屋の片づけ業者を入れてみることを職員が働きかけても、「大事なものだから捨てられない」と本人は断り、父親は黙認しているという状況だった。

博さんに対し、職員、あるいは事業所としては、どのような働きかけができるのか。また、そのアプローチのタイミングはいつなのか。博さんの自己決定は尊重されるべきであるが、日々の暮らしの安全や充足を考えると、生活改善は必須であり、父親も交えての相談や支援の調整がなされてきた。やがて、生活上の困難はより顕在化し、衣服の汚れ、入浴をしていない、父が通院の付き添いをしないことに対して、事業所が公的な支援以外のサポートもきめ細かく行ってきたという経過がある。

そして、ゆたかの作業所の担当者、相談支援員、ヘルパーは、博さんにとってグループホーム入居が望ましいのではと協議してきたが、博さんは同意せず、父親は息子が拒むのなら勧められないという判断であり、話が進まないことに、担当職員も焦燥感を抱いていた時期があった。

② ケアラーとしての父と要支援介護の当事者である父

父親の松本さんは、介護認定「要支援1」であり、ヘルパーに週に2回、家事援助として掃除を依頼している。博さんに関わる職員は、印象に残っていることとして、博さんの口から、「父の怖さ」と「母の優しさ」が対比的に語られたことを挙げている。母親が健在な時は、博さんのケア、家事全般、博さんの通所先や医療機関などのやりとりを母親が一手に担うという、典型的な役割分業がなされていたと推察できる。母親亡き後の父親は、それまでの母親役割を大幅に縮小しつつ、母に替わる「ケアラー」となっていったことがうかがえる。父親は自身の身の回りのことも含め、その時点から、新たに家事を担うというよりも、つくることを買うことに替えたり、入浴を銭湯通いにするというように、対処してきたのだと思われる。父親自身の疾病や手術、高齢に伴う不調などもあり、第一ケアラーだった母親の後を受けて、父親がその役割を「引き継ぐ」という段階ではなかったと言える。

こうした暮らしぶりについて、職員は、「父のケアは最低限であり、食事とお金の管理はしているが、作業所もちょこちょこ介入している」「栄養のバランス、整理整頓は難しい—ヘルパーを活用していけば、何とかなるかもしれないが、週に2日しか入っていない」「緊急性は高い—何とかしないといけないという感じ」とアセンスメントをしている。家族会で1か月に1回程度父と会うほか、臨時で家庭訪問する機会が年に数回程度あり、その中で、父親と対話し、さらには、支援の環境を整えるために、制度によらない、インフォーマルな対応をしてきたことも明らかになった。

③ 博さんのアセスメントから示唆されたこと

父親にインタビューを実施後、博さんの通所先担当者と面会し、職員から見る、父子の暮らしの実態を聞き取りすることができた。父子の暮らしの状況を客観的にとらえ、かつ、博さんの障害特性、これまでの支援の経過を踏まえ、何を優先すべきかという判断が難しいこともわかった。博さんは自分のペースで生活したいという意欲があり、父親は、博さんとの二人暮らしが何とか継続していることを承知しており、職員は、父子の健康面、衛生面のリスクを察知しつつも、博さんの選択と、それを静観する父親の意向を尊重しているという状況であった。

松本さん親子双方の現況を知る中で、父子の生活を俯瞰的にみることが簡単ではないことも理解できた。筆者の整理は下図のようなイメージになる。

職員の言葉の中にも、「緊急性が高い」「何とかしなければならない」という表現があり、ゆたか福祉会として、博さんの在宅生活を見守り、時に父親と話し合い、父子への支援を行ってきたというプロセスがあった。その中で、博さん自身が、将来に対しての漠然とした不安を口にしていることを職員はキャッチをしている。主訴は、父亡き後の在宅生活のこと、経済的なこと、家事スキルのことなどであるが、その半面、博さんは、父の入院時などに、グループホームや入所施設の利用経験があり、それを踏まえた上で、「家で暮らしたい」という気持ちも強くもっていた。本人のニーズは、自宅という住環境で暮らしたいということであり、父のケアの有無に規定されていないことも、支援者は受けとめていた。

つまり、博さんが望む、自宅での生活を現状維持することが、当事者、家族、支援者の間で一致しているようにも見えるが、その一方、博さんの将来を見据えた健康管理、生活スキルの向上、話ができる仲間との協働などを考える時、博さんの離家を促すべきなのか、そのために、支援者は父親に積極的に働きかけるべきなのか、支援者側の葛藤があることが伝わっ

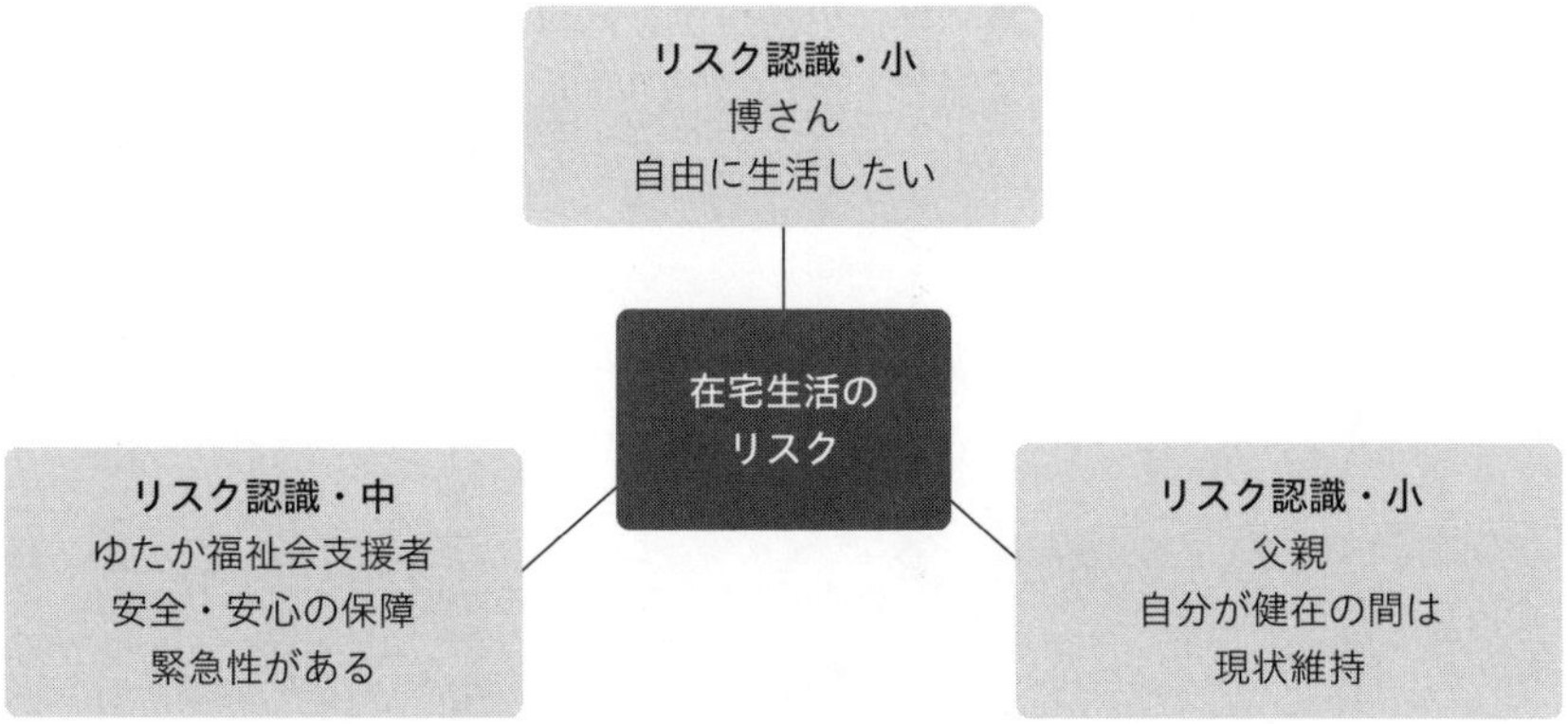

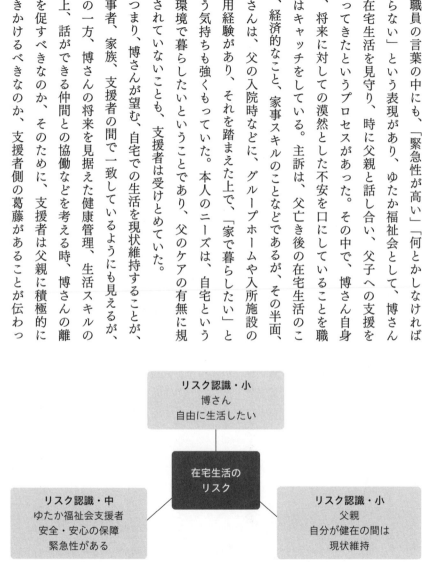

てくる。また、父親が介護保険のサービスを利用している中で、同居者の博さんに対する障害者福祉サービスとの協働や連携がどのようにできるか、その調整も不可欠であったが、専門機関をまたいでの支援は、まだ始動していない段階であった。

その後、コロナ禍の中で、博さんが在宅からグループホームへ移行し、職員により、これまでの支援経過がまとめられた。そこからわかったことの一つは、第一ケアラーであった母親が亡くなってから、家族の暮らしも、博さんの生活の質も大きく変わってしまい、変化した後には、その状況から抜け出すことが困難であったという事実である。ゆたか作業所が20年間、関わる中で、ヘルパーによる生活支援や、作業所での本人支援が継続しつつも、博さんが、「生活を変化させる」ことを望まなかったという点に寄り添っての支援であったところに、本ケースの特徴がある。

母親が健在だった時の暮らしが、博さんにとって安全であり、衛生面や栄養面も保たれていたと仮定すると、それが失われた段階で、一度、生活は変化をしていることになる。「あるべき在宅の暮らし」を模索することは、博さんは望まなかったことになるが、それは、博さんが、短期間のうちに、二度の生活の変化を受け入れ難いという、主張でもあったのではないだろうか。

④ 父子に寄り添い支援する人の「重なり」

博さんの支援に関わり、その時間が積み重ねられてきたことと、作業所職員、相談支援員、ヘルパーというように、支援者が複層的に入ることで、それぞれの立場からの想いが重なり合ってきたことが、本事例報告には記されている。博さんの生活をケアする上では、当然、父親に同意してもらうことや、理解してもらうことも多く、高齢者福祉サービスを利用している父親と、障害者福祉制度による博さんのケアを重ねていくことの難しさもあった。父親からの見守りやケアを受けていた博さんの食事や入浴に関して、その不足が生じても、父自身の判断がそこに至らなければ、改善は難しく、高齢の父が現状をどのように認識するかのところで、父に対する「支援」も必要となる。

博さん自身の体調悪化、体力低下が顕在化し、それまで行ってきた支援では暮らしが成り立たない状況になったところで、体験入居を経て、博さん自身が選択したグループホームに入居するに至った。長く、在宅での生活を希望し、グループホームへの入居を避けてきた博さんは、自身の判断で新しい生活を始めることになった。父との在宅を続けることの不安、生活習慣や環境に由来する部分も含む健康上の問題に、博さん自身が向き合ったのだと思われる。

そして、博さんに関わる各所の職員が、博さんの自己選択や自己決定を常に尊重し、長く寄り添い、それぞれが支援の糸口を探りつつ、関わりを重ねてきたことが大きいと考える。

筆者は、博さんの在宅生活の様子を父親からうかがい、その後、博さん担当の作業所職員から、父子の暮らしについて聞き取りをした際、相当に支援の緊急性があるのではという印象をもった。それは、栄養バランスが偏っている食事内容であり、衛生面や清潔面の問題が伴う住環境に対してであり、要支援の父と知的障害の息子の在宅生活全般に対するリスクが高まるおそれであった。

博さん本人が希望する自由な暮らし、その自由さを容認する父親の判断は、博さんのＱＯＬも父親のＱＯＬをも低下させる作用として働いてしまい、優先すべきは、博さんの健康的な生活の回復ではないかとも考えた。ただし、父子の在宅生活を支えるために、高齢者福祉と障害者福祉の双方の制度／サービスの連動や組み入れが必要であっても、実際には、それらを調整することが容易ではないことも、その背景にはあった。したがって、父子の暮らしを分けること、つまり、博さんが離家をし、グループホームに入居するほかに、生活改善の方法はないことを前提に、博さんの支援を検討するべきではないかと思ったのである。

しかし、博さんの20年間の支援経過をたどる中で、ゆたか福祉会が大切にしてきたことは、博さんの意志、発言、時間であり、その経過の中で、博さんの暮らしを守ることであった。当事者に積極的に働きかけるべきことは、暮らしの場の移行への決断ではなく、何らかの選択がなされるまでの期間、少しでも安全に暮らしを維持するための日々の関わりであった。

博さんは、自分で自分の暮らしを見渡し、不安や不満を抱きつつも、グループホームや施設に入ることは、望んでいなかった。母親が亡くなった家で、対等で良好な関係とは言えない、父親との同居を続けてきた。家事をする人が不在のまま、だからと言って、本人も父親もそのスキルを新たに身につけるという動きもないままの生活は、確かに不穏当に見えた。また、どこに、どんなふうに支援が入り、何を改善しようとするのかの目的や方法があいまいになりがちなケースであったとも言える。家事援助を多く入れるのか、博さんの生活スキルを養成するのか、父親への支援を増やすことで、同居者の博さんの暮らしを間接的に支えるのか…。

本ケースは、博さんが自己決定をすることを支え、選択がなされた後は、円滑に新しい生活が開始できるように、関係機関が協働した。その関わりと時間の中で、博さんが尊重され、博さん自身も職員のアドバイスや関係調整を信頼したことで、新生活が順調に進んでいるということであった。

⑤ 在宅生活を継続できる「公的」な保障を

知的障害者の生活を支えていた第一ケアラーの母親が亡くなり、その後のケア役割を担っていた父親が高齢になり、父自身もケアが必要になった場合の障害当事者の暮らしのあり方が、本事例では検討されてきた。日中活動の場が保障されていたとしても、衣食住を支え、コミュニケーションをとりつつ、本人のニーズを察知する人がいなければ、在宅生活が困難になることが明らかになり、親元からの離家という選択に至った。もう少し早い段階で、博さんは自立生活に移行すべきではなかったか―というアセスメントも想定されるが、それは、家族ケアに依拠した在宅か、社会的ケアに委ねる離家か、という選択に集約されることでもある。

障害者と家族の高齢化が進行する今日、在宅での当事者支援は、家族にのみ委ねられるのかを再考する必要もあるだろう。家族が障害者を支えきれなくなったら、在宅生活は終焉なのか。我々研究者も、親や親に代わる人がいなければ、知的障害者の地域生活は成立しがたいという認識に基づき、離家を推奨してきた面があることは否めない。しかし、博さんのようにはっきりとした意思表示―「グループホームには行きたくない」という意向が、自らのタイミングで入居をするという決意に至るまでの期間、在宅生活を支える方策を考える余地があるのではないだろうか。事業所のインフォーマルな支援や、職員のボランティア的ケアに依拠するのではなく、知的障害者が在宅生活を継続し得る、「公的」な保障の可能性を探っていくことが、今後の課題であると思われる。

（藤原里佐）

ライフサイクルの進行と親亡き後のきょうだいによるケア

●作業所職員としての支援経過──真美さんの「自己決定」と姉のサポート

❶ 石川真美さんの紹介と環境

真美さんはあかつき共同作業所の無認可の時からの仲間で、自閉症の障害のある50代後半の女性である。現在はグループホームで生活し、日中は作業所に通所し作業を行っている。ホームに入る前は2世帯住宅の2階にお姉さんのご家族、1階に真美さんとお父さん、お母さんで生活をしていた。

真美さんが30代半ばの時にお母さんが亡くなり、10年以上お父さんと2人の生活が続いていた。真美さんが40代半ばになったころ、お父さんも亡くなってしまった。

その後、真美さんのお姉さんがケアラーとなり、本人が『おひとりさま』という表現で思いを現し、お姉さんにサポートを受けながらも一人での暮らしを数年間されて、グループホームに入居となり、現在に至っている。

❷ 両親が亡くなって

（1）お母さんが亡くなり、父親と姉の役割分担へ

あかつき共同作業所が開所した当時、お姉さんはすでに家を出られて、ご両親と真美さんの3人で生活をしていた。ほどなくして2世帯住宅を建て、お姉さんが家族とともに移り住むようになった。日常での生活は真美さんとご両親は、お姉さん家族とは生活は別々に送っていたが、日中ではまだ小さかったお姉さんの子どもの保育園の迎え、その後、お姉さんが仕事から帰ってくるまでの間の面倒をお母さんがみていた、子どもが苦手な真美さんにとって、あまり近づきたくない存在であったようである。それでも遠目にみながら一緒に生活をしてきた。しかし、そのような生活は束の間で、お姉さんが戻ってきて数年後にお母さんは突然亡くなられた。

お母さんは生前、「これから先も真美さんをこの地域で生活させたい」「ホームのような施設があれば生活していけると思う。お姉さんの援助も得られると思う」と話していました。そんなお母さんの思いをお姉さんは、ずっと感じていたのだと思われる。

お母さんが亡くなってからは、お父さんと2人の生活となり、日常の生活のことはお父さんがケアラーの役割を担っていた。そして、通院や作業所に関わることは、お姉さんが引き受けていた。

それまでお母さんが果たしていた役割を、お母さんが亡くなってからは真美さん自身も、このことはお父さん、これはお姉さんと役割を分けていたように思う。

10年以上お父さんと2人の生活が続き、真美さんが40代半ばになったころ、お父さんも高齢となり、その先のことも考えてホームの体験やヘルパーとの家事の取り組みを始めていた。そんな矢先にお父

さんも亡くなられてしまった。

（2）お父さんが亡くなり「おひとりさま」からホーム入居

お姉さんが本格的にケアラーを引き継いだのは、お父さんが亡くなってからである。40代半ばの時、お父さんが亡くなった。ある日作業所から帰るとお父さんが亡くなっていた。お母さんが亡くなったときも真美さんの目の前で倒れ、真美さんが救急車を呼び、そのまま帰らぬ人となった。どちらも真美さんにとって突然の別れであった。

お父さんが亡くなった直後、今後の生活について、職員としてはグループホームへの入居だろうと考えていた。真美さんにとってグループホームは体験で訓練の場であり、自ら好んでグループホームの生活を選択しないことはわかっていた。しかし、ヘルパーと洗濯や掃除を一緒にやり始めていたが、仕方なくであり自ら行うことはなく、入浴も声かけがないと入らず、十分な洗体もできない状態であったので、生活する上での支援はかなり必要であった。

お姉さんもそのことはわかっていたので、グループホームへという流れになると職員は勝手に考えていたのである。ところがお姉さんは真美さんの意思を確認し、真美さんが『おひとり

お父さんとお姉さんと真美さん

さま』という表現で、一人暮らしを選択したことを尊重し、自宅で一人での生活となった。お父さんが使っていた部屋をお姉さんの家族に貸してくれないかとお願いしたそうだが、それも断られ、ほんとにおひとりさまの生活となったのである。

この決断は職員としては驚きであった。すでにヘルパーも家事援助に入り、食事も当時、作業所で行っていた高齢者や障害者宅に向けた夕食のお弁当の宅配サービスを利用しており、一人で生活をするための体制はある程度整ってはいた。しかし、本当に生活ができるのか、火の元や戸締まりも大丈夫だろうかと心配はつきず、お姉さんの負担が大きくなると思われた。お姉さんも自分の家族や生活がある中で、すべて背負うのは覚悟がいったことだと思う。お姉さんとしては、真美さんにとって急激な生活の変化をさせるのは大変だろうと考えたのかもしれない。

それから『おひとりさま』の生活は3年ほど続いた。本人なりにヘルパーがいる時には、掃除をする、入浴するといったことの意識は芽ばえてきた。行動はするがヘルパーが入らない時には家事や身体の衛生を保つことがなかなか難しい状態であった。お姉さんは仕事に出かける前に1階に足を運び、火の元などの点検を行っていた。それ以上あまり生活に入り込むことはしていなかったようである。月に1回数日間の体験ホームを利用し、身体の衛生等を整え自宅に戻ることを繰り返していた。

しかし、朝の体調の悪さを把握できなかったり、見知らぬ人が訪ねてきて何かの勧誘のための食事会に誘われて、行きそうになったりということがあり、真美さんの身を守るということに限界があると感じ、お姉さんと作業所とで相談し、ホームの入居となった。

❸ 家族としての深い絆――真美さんとお姉さんの関係

真美さんにとってお姉さんは大きな支えとなっている。お母さんが亡くなってから、それまで自分ではどうにもならないことが起きた時「お母さーん」と叫び、お母さんに救いを求めていたが、それが「お姉さーん」に代わってきた。お母さんが亡くなったことを受けとめ、お姉さんに何とかして助けてほしいと思うようになったのだと、当時感じたのを覚えている。家にいて困ったとき（必要なものがない、新聞のクロスワードがどうしても解けない等）は2階のお姉さんを訪ねて解決してもらっていた。

お姉さんと車で買い物に行けることも楽しみにしていて、土日のお姉さんの勤務状況を聞いて買い物に行きたい要求を出していたそうである。そのような時は小さい姪っ子が一緒でも我慢して車に乗っていた。買い物先では待ち合わせの時間を決めると、一人でお目当てのフロアへ向かって時間までウィンドショッピングを楽しんでいた。たまたま居合わせた職員が、望んでいたものが見ることができなくて、泣きながら店内を歩いている真美さんを見かけたこともあった。後日お姉さんにそのことを伝えた時も「そうでしたか」と笑って話せるところは、真美さんのことをわかっていて『そんなこともある』と受けとめている様子がうかがえた。そんな距離感も真美さんにとってはよかったのかもしれないと思う。

また、お姉さんは人生のモデルでもある。お姉さんが結婚した年齢に自分がなったとき、真美さんも結婚すると思っていたようで、お姉さんが「あなたは結婚しないでキャリアウーマンになります」と諭され、納得し今も作業所で働いている。

ホームに入居当初は毎週末、自宅に帰っていたが、お姉さんが仕事で夜勤にも入ることになり、毎週末の帰省は様子を見ることが難しくなってきたため、今は月に1回の帰省となっている。その中でも困ったときは2階へ行き助けを求めていっている。お姉さんも真美さんが戻ってくると1階を訪ね、1か月分の連絡帳やお知らせに目を通してくれているようであり、その間は我慢をしているが、用が済むと一人にしてほしいと要求するそうである。今は一緒に買い物などに行くこともなくなり、接点はわずかな時間に限られているが、家族としての深い絆を感じる。

❹ 職員からみて——お姉さんのきょうだいならではの関わり

真美さんのお姉さんとの関わりを見ていてさまざまなことを感じている。

きょうだいでケアラーとして、ここまで関わりのある事例は事業所の中であまりない。それでも違和感なく自然な形で関わっているように見える。以前ゆたかの先輩職員から、仲間ときょうだいについての話を聞いたことがある。それはある仲間のきょうだいが「お父さんやお母さんは、障害のある人がいない生活を送ってきた経験がある。でも自分は生まれた時から障害のある人がいる生活だ。そして年をとっても続いていく」と言ったそうである。障害のあるきょうだいが生活の中心となり、親亡き後も自分が何とかしなくてはいけないという、つらさや重荷を感じての言葉だったのだと思われる。

真美さんのお姉さんから、そういったつらさや重荷を背負っている感じを受けたことがない。もちろん、お姉さんもさまざまな葛藤があり、大きな負担もあるのだろうと思う。しかしそれにも増して、家族として当たり前のこととしてケアラーを引き継いでいるように感じている。決して真美さんが中心の生活ではなく、自分の仕事、家庭をもちつつ、真美さんに対しても自分の役割を決めて関わっているように感じる。

私たち職員にとってもお姉さんはとても頼りになる存在である。何かあるとお姉さんに相談をしてきた。ホームに入居するときも真美さんが拒否するであろうと思い、どうしたらよいかお姉さんと相談をした。お姉さんが「50歳になったからホームに入ります」と話し、いやいやながらではあったと思うが、納得しホームへの入居となった。キャリアウーマンの話もそうだが、お姉さんをモデルとし、お姉さんが言うことなら受け入れていくお姉さんへの信頼を感じる。

また、きょうだいだからこそ親とは違う関わりや割り切り方ができているとも感じる。

一人暮らしを始めた時、真美さんがなかなかお風呂に入らないことも、食器をヘルパーが入るまで洗わないことも、部屋が散らかっていることもお姉さんは知っていた。職員として正直もっと生活面で関わってくれたらよいのにと思っていたこともあった。特に何日もお風呂に入っていない様子がみられたり、歯磨きができていないなど、衛生面での不十分さが気になっていた。お姉さんにも家族がおり仕事をしている中で、そんなに真美さんに関われる余裕がなかったこともあったかと思われる。福祉施設で働いているお姉さんの大変さは、同業者としてもわかるところがあり、強く要請はできなかった。

しかし、それよりもお姉さんは真美さん自身がお姉さんといえども、暮らしの場にあまり人を入れたがらなかったことや『おひとりさま』を選んだことを尊重していたのだと今は理解している。一人暮らしがどこまでできるのかを見極めていたところもあるのかもしれないとも思う。おひとりさまの真美さんの状況を見て歯がゆく感じることもあったかと思うが、あえて生活に入り込まないようにしてきたのではないかと思われる。親ならつい手を出してしまいたくなるところや周りの目が気になり、あれこれ口を出したくなるところを割り切って見守っていたのだと思う。そこはきょうだいならではの関わり方なのかもしれない。

5 きょうだいとしてケアラーを引き継いで

親亡き後、きょうだいがケアラーを引き継ぐことは簡単なことではないと思う。

きょうだいも家を離れ、自分の生活や家族をつくる中で、新たに障害のあるきょうだいの生活に関わることは負担が大きくなる。さらに自分の家族の理解も必要となる。長く離れて生活をしていれば、日常の細かなこともわからない、そして親が亡くなるときには仲間もきょうだいも高齢化しており、自分のことで精いっぱいの状況になっていることもある。

親も自分が亡き後、きょうだいとして障害のある子どもとの関わりはもってほしいけれど、ケアラーという役割を引き継いでほしいという思いはあまり聞かれない。引き継いでほしいという思いはありながらも、引き継ぐことは無理だろうとか、そこまで負担をかけたくないと思っていることが多いかもしれない。

そんな中でのお姉さんの存在は、真美さんにとって大きなものである。

現状、仲間の親亡き後は、自分の暮らしを自分で選べるだけの制度や社会資源が十分ではない。私自身も親亡き後は、グループホームや入所施設へという発想しかなかった。

　そのため、真美さんが『おひとりさま』の生活を選択したときに、本当にできるのか想像できなかった。

　お父さんが亡くなる前から、ヘルパーや食事の宅配サービスを受け、日常生活を整えることは可能になっていた。また、真美さん自身も時間、季節、天気等ある程度理解ができ、自閉症の特性もあり「何時に食事、何時に作業所へ向かう」等時間で動くことができ、「いつに何がある」という見通しもあること、「雨の日は長靴をはき、合羽を着て傘をさす」「くしゃみが出たら風邪薬を飲む」「外に出るときは鍵をかける」等、自分なりのルールではあるものの、状況を判断し行動できることもあった。

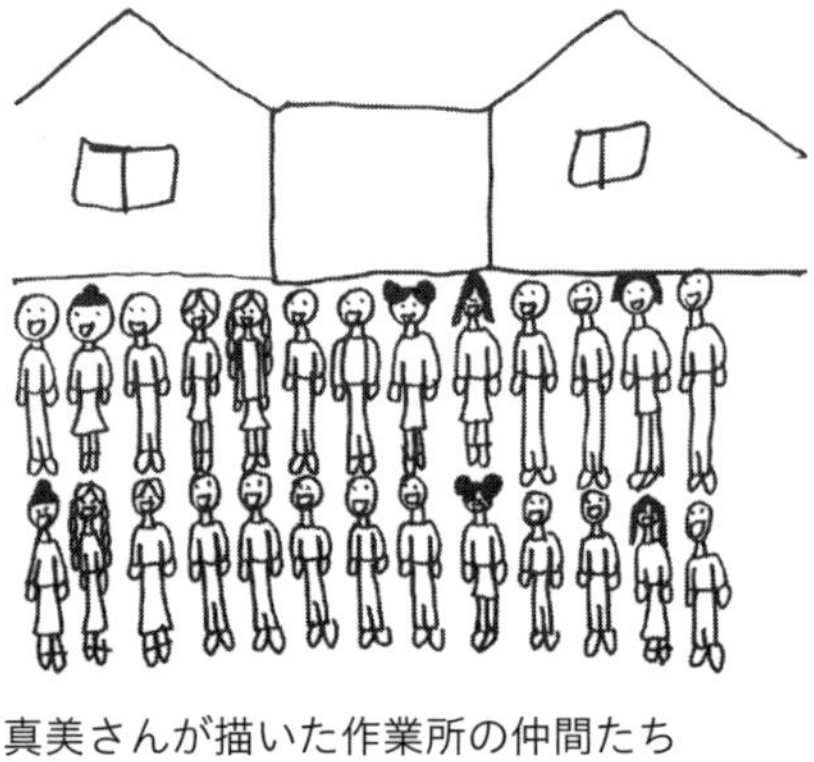
真美さんが描いた作業所の仲間たち

　そういった条件があったとはいえ、何よりお姉さんがケアラーを引き継いでくれたことが、3年間ではあったが、真美さんの希望する『おひとりさま』生活を可能にしたのだと思う。お母さんが比較的若くして亡くなってしまったこともあり、余計に自分が引き継がねばという思いが強かったかもしれない。それでも、もともとケアラーとなる意思があり、2世帯住宅で長年生活を見てきたからこそ、お姉さんも真美さんが1人での暮らしもできると思ったのかもしれない。
　お姉さんは障害者の福祉施設で働いており、障害者や制度についても理解があったことも大きかったと思う。私自身も親亡き後、こういう生活もあるのだと学ぶことができた。

グループホームでの生活を始めて約6年がたった。いまだに月1回であるが、実家に帰省ができている。これもお姉さんがいるからこそできることである。通常は親が亡くなったり、高齢化してしまうことで帰省は難しくなる。真美さんにはまだ帰る家があり、思うように過ごせる部屋が確保され、見守りもある。グループホームの生活が真美さんにとって望む生活ではなかったとは思われる。それでも帰省できることは、少しは思いがかなっているのではないだろうかと思っている。

そして、お姉さん家族の理解も大きかったと思う。自分の家族には負担をかけないということは、お姉さんも意識しているようであるが、2世帯住宅にしたことも含めご家族の理解もあるのだと思う。小さい時には苦手としていた姪っ子も一度遠方に就職したが、今は地元に戻り、真美さんとお父さんが住んでいた1階の1部屋で生活をしている。

真美さんが帰省した時に、真美さんから声をかけることはほとんどないが、朝の挨拶や一言二言のコミュニケーションはあるようである。そんなやりとりができるようになっただけでも姪っ子は「うれしい」と喜んでいるそうだ。そんなことからも真美さんがお姉さんの家族にも受け入れられ、真美さんも家族として受け入れているのではないかと感じる

⑥ お姉さんの思いや信頼を大切に

お姉さんは今、真美さんの後見人としての役割を他者へと考えている。それはご両親のどちらも急になくなってしまい、もしかしたら自分もという思いがあるからのようである。その時に備えて真美

さんが困らないように、今から準備を始めている。

職員からすると、まだお姉さんもそんな年でもないのにと思ってしまう。けれど自分の母親が亡くなった年齢に自分が近づいてきたと思うと、そう考えるのもわかる気がする。

それでも真美さんにとって頼りになる家族はお姉さんであり、後見人を交代してもケアラーという役割は続いていく。まだしばらくは月に1回でも実家に帰省することが真美さんの楽しみでもあり、心の安定でもあるので続けていけたらと真美さん自身はもちろんのこと職員としても願っている。

お姉さんは無認可のころからお母さんも関わり、認可後も真美さんがずっと過ごしてきたあかつき共同作業所に信頼を寄せ、真美さんを託してくれている。

新しくホーム担当になった職員と真美さんが、うまくコミュニケーションがとれていないと感じるときには「こうして話すとよいと思います」といったアドバイスを連絡帳に添えてくれたりする。真美さんのこれからの暮らしが、少しでもよいものになるようにという願いが感じられる。

その思いや信頼を大切に、私たちも真美さんのこれからの生活に関わっていかなくてはと思う。

（源平由佳）

CASE 3

きょうだいの位置づけと役割の変化

【姉と職員へのインタビューを通して】

① 〝きょうだい〟として歩むことの意味づけ

石川さんから、職員同席のもと4歳下の妹、真美さんとの関係や真美さんを含む家族の中で、どのように育ってきたのかということについてお話をうかがった。石川さんは、真美さんとの育ちを「一緒に大きくなった」と表現している。幼少期の様子を聞くと、「いつも妹を守ってきた。両親は妹も自分も大切にしてくれた。近所の人にも守られていた、受け入れられていた感じがある」と肯定的にとらえておられる様子であった。

その後、成人になり結婚をする28歳までは家族と同居をし、その後も月に数回、実家とは行き来しており、ご両親が元気な頃に2世帯住宅にし、1階に両親と真美さん、2階にお姉さん家族が暮らしていた。妹を含む家族とは継続的に良好な関係を保ってきた。

父が亡くなった後、2階には自分たちの家族が1階には妹が一人暮らしをするようになり、しばらくはその状態で暮らしていたが、「50歳で独立しよう」と常々話していると、妹はその気になり、50歳でGHへ移行する。その後も、週末帰省の受け入れや行政手続きなどを職員と連携をしながら行ってきた。自身は長年介護職として働き続けてこられた。

石川さんの話からは、長い期間、障害のある人のきょうだい、まさにロングケアラーとしての歴史の重みを実感させられ、その中で社会は、どのような支援や介入をしなければならないのかという多様な示唆が得られた。源平さんの文章に書かれていたように、「お父さんやお母さんは、障害のある人がいない生活を送ってきた経験がある。でも自分は生まれた時から障害のある人がいる生活だ。そして年をとっても続いていく」という言葉通りの人生が刻まれている。

〝きょうだい〟として歩むということが当事者にとって、どのように意味づけられているのか、そのことが人生に、どのような影響を与えているのかを社会は理解する必要がある。

②周囲からのきょうだいとしての期待と戸惑い

石川さんの話の中に、自分が5年生のときに、妹は1年生で入学してきたときの思い出として「自分より1学年下の子が妹に対して、何か言った時に、妹を守った」ということが語られた。この「妹を守る」ということが、石川さんの姉の幼少期から現在に至るまでの重要なアイデンティティとなっていることがうかがえる。

石川さんは、幼少期に両親から障害のある妹の姉としてのふるまいを強制された経験はないと語っていた。しかしながら、「近所の人には真美さんのお姉さんという感じだった」ということや、「親戚のおばちゃんから、『真美さんのことを頼むな』と言われたことはあった」というように、周囲から障害者のきょうだいとしての役割を期待されていたことは記憶されている。

そして、妹の障害のことについては「外でパニックをしている。（それを見るのが）ちょっとしんどい気持ち」になったと言い、さらには、両親との思い出として、ピアノがほしいと言ったとき、それを母から父に説明するときに「(妹のことで)我慢をさせているから、それくらいはしてあげないといけないということを話していたのが、衝撃だった」と語っている。このことが、きょうだいアイデンティティということを象徴的に表していると考えられる。

つまり、自分も妹も親の子どもという立場は同じであり、対等なきょうだいでもありたいと思うけれども、一方で妹の障害に(子ども心には受けとめきれないという)戸惑いを感じつつも、それを周囲に伝えることはできない。自分のことを不憫な存在とは思われたくないという両義的な心情の間で揺れ動いていた様子が見てとれる。

③ 複数の役割を同時に担うきょうだい

きょうだいは、自分自身も親の子どもという位置でありながら、きょうだいを守る役割、そして、家族の中できょうだいの分の期待も引き受けて生きるという、複層的な役割期待を(明示の有無にかかわらず)内面化している場合がある。

石川さんも、子ども期には、「結婚するときに、結婚相手が妹を否定しない人でないといけないという思いがあった。(以前の福祉職場で、障害のある)入居者の姉が妹を結婚式に出さないでと言われて、結婚を破談にしたという話を聞いて、自分もそうすると思った」というように、きょうだいを守る役割を遂行できることが、結婚の選択において重要な要素となっていることがうかがえる。

さらには、「両親のために結婚をして子どもを産んで、結婚式をするのは自分だけと思っていた。実家は、これで終わっていく(自分が他家に嫁ぐ形になり跡継ぎが不在になる)ので…、それを終う仕事をしなければならない」と、結婚して親に孫を見せることや墓じまいをすることなど、本来なら家族の中で、きょうだいと分担、あるいは協議しながら担う役割も一身に引き受けている。そして、そのような生き方を「羽目を外さないように生きないといけない」と自分に課している様子も語られた。

同じようなことが藤木（2022）* の中でも書かれている。聴覚障害のある弟がいる筆者が、「弁護士の父は…（姉である私に：筆者注）弁護士になって跡を継いでほしいという強い期待を持つようになりました。しかし、長男である弟から何かを奪ってしまったような気がしました」と感じており、さらに、「ともかく私が頑張らないと、親や弟がダメだと言われてしまう、という張りつめた緊張が常にありました」と書いている。

家族や親族の誰も、プレッシャーをかけてはいけないときょうだいへの期待を直接的に伝えてはいない場合もあるだろう。しかしながら、前述したような明に暗に、きょうだいに寄せられる社会的期待を自らの中に内面化したきょうだいたちの中には、人生の岐路に立った際に、本来の希望とは違う選択をしてしまったり、自由を自ら制限してしまうことも少なくないことが考えられる。

④ ライフサイクルの進行と「きょうだい」の位置

きょうだいは、石川さんの例にも見られるように、ライフサイクルの進行により、「親が健在な頃」は、2、3番手のケアラーであり、その後、「親の要介護期」には、メインのケアラーとして、親そしてきょうだい、場合によっては子育てなどダブル、トリプルケアを抱えており、「親亡き後」には、妹のメインのケアラーかつ家の跡継ぎも一手に引き受けており、さらには子どもたちにその役割を引き受けさせないようにと「自分亡き後」のことまで気にかけているというように、時期によって位置関係を変えながら、課題に直面している。

石川さんも、親亡き後は、真美さんの成年後見人になり、一人暮らし、その後グループホームへの転居、そして現在は週末帰省を引き受けるなど、居所を定める過程に寄り添ってきた。そして「自分亡き後」ということについては、「自分の一番の理想は、(妹のことを)全面的に自分がやっているので、妹を先に見送ることができたらと思う」と親から聞かれるのと同様の語りをしており、石川さんの子どもたちも幼少期から真美さんと関わりはもっているが、「私は私の役割としてやっているので、それは娘たちの役割ではないと思っている。…(年を重ねるにつれ引き継がせたくないという思いは)強くなってきた」と述べている。

暮らしの場はGHへ移行し、日常的なケアは、家族の外部に移行した後も、有形無形の「責任」というプレッシャーを感じている様子がうかがえる。

⑤ きょうだいのしんどさとは何なのか

石川さんの語りを通じて、改めてきょうだいが考えるしんどさとは何かを考えていきたいと思う。

第一に、複層的な役割を内面化しながら生きなければならないことである。真美さんは幼少期から家族に大切に育てられ、周囲との関係も良好な中で育ってきた印象がある。また石川さんも妹である真美さんに対して肯定的な感情をもっている。

しかしながら、幼少期の戸惑いを口に出せなかったこと、家族の中で本来であれば妹である真美さんとの間で分散されるはずの役割期待を一身に引き受けながら、慎重に人生を歩んできたことなど、時代的な影響もあるかと思われるが、やはり「きょうだい」というのがある種の重しにもなっている様子が言葉の端々からうかがえた。

第二に、きょうだいは、自分のライフサイクルと障害のあるきょうだいのそれが同時に進行するというように学校生活、進学、結婚、親の介護など、人生のすべての場面において、きょうだいの存在が影響する。石川さんには必ずしも当てはまらないが、時としてそれは、人生の選択肢を制限することにもつながる。しかしながら、これは必ずしも否定的な側面ともいえず、きょうだいとして育ってきた人の中には障害に関わる仕事を選択する人も少なくない。自分のロールモデルを、障害のあるきょうだいを通して見つけることができるというのは代えがたい経験とも考えられる。

第三に、きょうだいが生涯を通じて、自らきょうだいという属性で自分を語るネットワークは限定的であることが挙げられる。石川さんも「妹に関する話は、もうここ（作業所）でしかできない。両親が生きていたときには、小さな変化を喜べたり、「そうだよね」という共感ができたりしたけど、そういう場はもうここにしかない」と語っている。

親の場合は、幼少期からＰＴＡや家族会などを通じて、ケアの当事者として悩みを共有する相手が自然発生的に存在するが、きょうだいの場合は、意識的に親がつなぐ、あるいはきょうだい会などに自身がつながる努力をしないと、そのようなネットワークには結びつかない。幼少期は、障害のある子どもの活動にきょうだいとして参加することも少なくないであろうが、成長の過程の中で家族と共に行動する機会が減ると、自然にそのような場への参加も少なくなる。

成人すると、自分からきょうだいと表明しない限りは、周囲から気づかれることはない。ライフサイクルの各時期に抱えていた思いや悩みを語る場があれば、重荷や責任が軽く感じられたり、選択が変わることもあるかもしれない。きょうだいも社会的支援が必要な当事者と位置づけた施策が求められる。

⑥ 職員から親／きょうだいへの期待のダブルスタンダード

本書を執筆後の2022年1月、大阪で長年、障害のある弟をケアしていた兄が、弟を殺害し自死した事件が報道された。約10年前に母が亡くなる際に、「施設に入れないで」と兄に言い残し、兄も「自分が面倒を見なければならない」と思い、社会的支援の介入を拒んだとのことである。おそらくは兄弟の母もまた社会的支援には、わが子を託せないと思ってのことだろうが、その責任を兄に負わすのは、前述のようなきょうだいのしんどさの背景を考えると非常に酷なことである。

一方で、親の方針の有無も関係するであろうが、成人期以降のきょうだいで極力関わりをもとうとしないケースもある。特に成人期以降、きょうだいの距離感は、障害の有無に関わらず多様であると思うが、子どもに障害がある場合、親がきょうだいに関わってほしい、あるいは関わらせたくないというのは、ゼロヒャクの選択になっているケースも多いように感じる。

親がメインケアラーの時期も社会的支援をほぼ介入させておらず、そのままの役割をきょうだいに引き継ごうというケースがある一方で、「きょうだいにはきょうだいの人生がある」ということで、少しでも関わるときょうだいの生活が脅かされると思い、まったく関わらないように差配する親もみられる。この背景には、民法877条の親族間の扶養義務のような社会における家族観の影響も強くあると思われる。

職員においても、源平さんの文章にも以前、真美さんが一人暮らしをされていた時期に衛生面が気になったときに上階に暮らす石川さんに「もっと生活面で関わってくれたらよいのに」という思いと「お姉さんにも家族があり仕事をしている中で、そんなに真美さんに関われる余裕がなかった…強く要請はできなかった」と、きょうだいにどこまで期待してよいのか判断に悩む気持ちが書かれている。

親は当たり前のように子どものケアや煩雑な行政手続き、暮らしの場や医療など大事な場面に関わる意思決定などを引き受け、職員もそれを期待する。しかし、第一ケアラーが親からきょうだいにかわった後に、どこまで家族に期待をしてよいか、これまで家族が担ってきた部分を職員として引き受けてよいのか、そのことを家族とどのように合意形成をしていくのかということに職員が悩む場面も生じるであろう。

⑦ 共感の深まりを期待

今回の石川さんについては、語りの中でも真美さんのことをとても大切に、かけがえのない存在と思っておられる様子が伝わってきた。またその関係は、身近に見守っている職員の源平さんが、「きょうだいならではの関わり方」と表現するような、好ましい距離感といえるものなのであろう。障害の有無に関わらず、きょうだいが互いに関わり方や距離感を選択でき、負担ではなく情が交わせる関係性でいられるというのは望ましいことであろう。それは、決して一方が他方の「扶養をする」あるいは「責任をもつ」ということでは成り立たない。

最後に、今回のインタビューに真美さんを支援する現場の職員も同席していただいた。石川さんは職員の存在を「自分が知らない面も知ってもらっている安心感がある」と言われていたが、このような機会を通じて、真美さんのお姉さんというだけではなく、一人の女性としての石川さんへの共感の深まりを期待したい。

（田中智子）

＊藤木和子（２０２２）『「障害」ある人の「きょうだい」としての私』岩波ブックレット
＊「知的障害の弟を支えた末に「弟の命をたちました、これから後をおいます」…自殺した兄を書類送検」読売新聞オンライン https://www.yomiuri.co.jp/national/20220124-OYT1T50101/（２０２３年４月３日閲覧）

居宅支援の現場から、高齢期家族への支援を通して感じたこと

「私が見られるうちは、できるだけ息子のことは自分でやりたい」

持病が悪化し、酸素ボンベを手放すことができなくなった高齢の母親がポツリとつぶやいた。

近年、「8050問題」にあらわされる老障介護の問題は、実際に、私たちヘルパー支援の現場では日々、直面している。グループホームやヘルパー制度の拡充が進んできてもなお、「自分が見られるうちは自分でみたい」という家族の気持ち。ケアの社会化の必要性が叫ばれる中、単純にケアを社会に委ねることができない背景には、家族介護がもつ意味を深く掘り下げて考える必要性があるように感じている。

同時にこうした家族の想いに対し、どう寄り添い、支援をしていけばいいのか。居宅支援の現場から高齢期家族の実態について事例を挙げ紹介したい。

❶ 家族介護の限界が近づく

ヒロシさん（仮名）は4人家族の長男として生まれ、自閉症で重度の知的障害を併せ持つ。持病を抱える80歳を過ぎた母親と市営アパートで二人暮らしだ。近年、母親の急激な体力の低下が目に見えて感じられるようになり、入浴や着替えなどの身体的ケアが難しくなってきた。

日常的な関わりのあるヘルパー事業所が入浴支援を申し出るが「ヒロシは親以外と入ったことがないからねえ。やんちゃ言って入らないと思うわ…」とやんわりと拒否をされた。現状、入浴が難しくなっている現実と、ケアを受け入れる（母親以外の他者が支援できるのか？）といったさまざまな思いが、やんわりとした拒否に込められているように感じ

た。私たちも支援の必要性を感じながらも、母親の拒否に対してケアに移行できないでいた。

現在、ヒロシさんの入浴は、近所に住むお姉さんに手伝ってもらいながら、お母さんも一緒に入っている。お姉さんも入浴のために仕事帰りに実家に寄ってヒロシさんの入浴をサポートしている。80代の親と、50代のお姉さんが一緒に湯船に浸かり支援している。その現状は、まさに老障介護そのものであるが、そこまでしても、家族のケアにこだわる母親の想いに、複雑な想いが交錯する。

一度、外出先で下着が汚れてしまい、家に帰った流れでそのままヘルパーがヒロシさんの入浴支援をさせていただいたことがあった。急なこともあってか、その時はお母さんもヘルパーの支援を受け入れ、入浴が無事にできた。母親も「ヘルパーさんと入浴できたねえ」と喜んでいたが、しかし、その後も入浴支援を受け入れるという形とはなっていない。支援を申し出ると「どうしてもできなくなった時は、お願いするかもしれないねえ。ヘルパーさんと入浴ができるとわかっただけでも安心」と言ってやんわりと断られ続けている。

その出来事を通じて感じたのは、「子のことは家族ができるだけやってあげたい」という親の気持ちだ。入浴ケアは、ヒロシさんとお母さんの暮らしの中で当たり前に営まれてきた行為であり、直接的なケアは、他者が思うよりずっと親と子を結びつける大事な役割となっているのではないかと感じた。

お母さん自身、急激な体力的な衰えから、おそらく「ケアの限界がすぐそこに近づいている」ことも実感しているように思う。同時に社会的資源が利用できる状況にも関わらず、お母さんのヒロシさんに対する「できるだけ見たい」という、ケアの気持ちは減退をしていないようにも感じる。家族も巻き込みながら、ヒロシさんに対してできることは何でもしたいというエネルギーは、おそらくケアを少しずつ、他者に託す範囲が広がったとしても、持ち続けるのではないかとも感じている。

❷日常支援する

改めて、家族介護を考えたとき、家族ケアが難しくなったから、「他者が介入してケアをする」という単純な平行移動でケアが移行できるものではないことを、今回のケースを通じて改めて感じた。実際、私たちの法人でも家族の高齢化、障害の重度化は緊縛の実践課題となっているが、居宅介護の依頼ケースは少ない。

また、家族支援に関する依頼の多くは、利用する事業所職員や相談支援事業所から多く出されるが、実際に支援につながるケースは意外と少ない。「家族がもつ支援の必要性」と「職員の認識」の差が要因ではないかと感じている。

一方、日常的に長年、ヒロシさんの生活に関わっていく中で、少しずつではあるが「着替え」「居宅内での食事」など、家族がヘルパーに託してくれるケアの範囲は広がってきているのも感じている。ヒロシさんのケースに関わって、改めて生活に継続的に関わることの重要性を感じている。他者が介入することが、親と子の関係性を分断するのではないことを、親にも理解してもらいながら、時間と信頼を少しずつ積み重ねていくことが、ケアの移行において重要ではないかと感じた。

「ヒロシのことは（私が）やってあげたい」という親の気持ちを受けとめながら、ケアを少しずつ肩代わりしていく中で、お母さんの受けとめや心境に変化が生じたように感じている。

一方、こうした家族ケアに対して限界を迎えても家族がなお、担い続けなくてはならない現状に対して、やりきれない思いが交錯する。障害当事者への支援とあわせて、家族に対して、どのような支援がライフステージにわたって必要なのか考える必要を感じている。

（今治　信一郎）

CASE 4

高齢期家庭の在宅継続―地域で暮らすことの重み

●美幸さんの悩みと希望に寄り添う職員として見えてきたこと―親を支える「子ども役割」

❶ 出会い

私が初めて村田美幸さんに出会ったのは、美幸さんが利用している施設の行事のボランティアに参加した時だった。美幸さんは当時20代。私は大学1年の春だった。

大学時代は、施設の行事の他、美幸さんが当時所属していた障害者団体の活動などにボランティアで参加させてもらっていた。お酒が好きでおしゃれで、少し世の中を斜めに見ているようなところがあって……そしてよく笑っていたのを覚えている。

❷ 就職先で

大学卒業後、ゆたか福祉会に入職することになり、最初に配属されたのが美幸さんが利用している事業所だった。その後、その事業所では6年間働き、30代前半の美幸さんと共に過ごした。

当時、美幸さんは事業所を週2日利用されていて、美幸さんも母親の村田さんもまだまだ若くお元気だった。事業所では革細工班に所属し、右足の親指に筆などを挟んで作業を行っていた。他の活動にも足を使って参加され、また数メートルは自力歩行もされていた。

言語障害があり、コミュニケーションは慣れないとわかりづらいこともあったが、いろんな行事に来てくれる若い学生ボランティアさんたちとおしゃべりを楽しみ、時に恋話で盛り上がり、当事者団体の活動に参加し、それ以外でもこれまでの人生の中でつながってきた人たちとの縁を大切にしながら、大いに人生を謳歌されていたように思う。

当時、美幸さんに心配なことや悩みごとなどもあったと思われるが、私との間では、心配ごとが話題になるようなことはなかったと思う。

③二次障害の進行

美幸さんが30代後半の頃、二次障害が進み頸椎の手術が行われた。同じころ、美幸さんの複数の友達も二次障害の進行から頸椎の手術を行っていた。美幸さんが、頸椎の手術を行ったことを、古くから美幸さんをよく知る職員が「怖がりな美幸さんが、よく手術に踏み切ったなぁ……」と、話をしていたことがあった。当時、私は別の事業所に異動していたので、美幸さんが、どのような気持ちで手術を決めたのかはわからないが、並々ならない決意があったように思う。

手術後、つらいリハビリを頑張り、退院後も1年間は温泉巡りをしながら、体調回復に努めたこともあり、その後10年ほどは、以前のように外出や旅行などいろんなことを楽しまれたようで、村田さんは「あの頃が一番いい時代だったわな」と後に言われていた。

その後、再び痛みが出てくるようになり、できていたことが、少しずつできなくなっていく中で、起き上がりが自分でできなくなったことは、美幸さん自身大変ショックな出来事だったと、ずいぶんたった後に知り、いろんなことをあきらめていくきっかけになったのでは……と思っている。

❹ 再び美幸さんのいる事業所で

何度かの異動を経て、美幸さんが50代半ばになろうとする頃、再び美幸さんが利用する事業所で働くことになった。

現在、美幸さんは週3日事業所を利用されている。全身の痛みはずっと続いていて、夜は痛みのためぐっすり眠れず、明け方には痛みで目が覚めてしまうそうだ。そのため事業所を利用する時は、数年前から午前の活動はベットで休憩されるようになった。「本当に痛いんだから～」というのが、美幸さんの口癖で、昼食も食べること自体が疲れるからと、もう何年も前から事業所では食べられず（事業所利用時の朝は飲み物のみ。夕食を自宅でしっかり食べられている）、お昼は持参されたココアを1杯飲まれるだけ。一時期、体重が40キロを切ってしまい、美幸さんも痩せすぎは気にされているが、それ以上に体重が増え、介助者の負担が増えることを気にされている。

午後からの活動は、美幸さんの体調や気分に

幼い頃の美幸さんとお母さん

よって参加してもらっている。現在もボッチャやボウリングなどは、足でボールを蹴ったり、創作の時に足の指に筆を挟んで色を塗るなどの活動に参加してもらっているが、疲れることもあり、以前のように長い時間取り組むことは難しく、短時間での参加になっている。

⑤ 自宅では

事業所の利用日以外は、自宅で過ごされており、居宅サービスで入浴介助や移動支援（通院・余暇）を利用されている。

もともと2か所の居宅事業所の支援を受けていたが、昨年10年来の付き合いがあった一つの事業所が、ヘルパーさんの退職による人員不足により撤退することになった。残った事業所が、撤退した事業所が支援していた部分も引き受けてくれたが、そこの事業所も人員に余裕があるわけではないので、以前と比べ余暇支援の時間が短くなったり、通院日が固定されていたのが、毎月ヘルパーさんの都合で通院日の曜日と時間が決まったりと、不自由な面も出てきた。

地域生活を送っていくうえで、この先何があるかわからないので、もう1か所、新しい事業所に関わってもらった方が安心との支援者としての思いから、折に触れ美幸さんにも村田さんにも職員の方から事業所を増やすことを提案しているが、「今の事業所が何とかやりくりして行ってくれている間は、このままで大丈夫」と言われている。信頼していた事業所がヘルパー不足でやむをえないことだったとは言え撤退したことは、今まで積み重ねてきた人間関係がそこで終わってしまうような喪失感を、特に村田さんは感じられたのではないかと思っている。そこからまた新たに新しい人間関係を構築していくことは、なかなか容易ではないだろうなと理解できるものの、一つバランスが崩れた時の危うさが想像できるだけに、支援者としてはとても歯がゆく思っている。

❻ ご両親の様子

村田さんがインタビューで「綱渡りのような生活」と話されていたと聞いたが、もしかすると私たち関係者が思っているより、事態は深刻なのかも……と私自身も数年前から感じていた。ただ、村田さんや美幸さんと正面切って話したことはなかったので、村田さんもそのように思っていることが正直意外だった。村田さんの普段の様子からは、村田さんがそのように思っているようには思えなかったからだ。

村田さんは今から10年前（70代はじめ）に、脳梗塞を発症。当時美幸さんは50代だった。

村田さんが入院するにあたって、美幸さんはショートを利用するか自宅でヘルパーを利用して生活を続けるか選択を迫られたが、その時は迷わず自宅での生活を選んだそうだ。すでに余暇支援や入浴介助などのヘルパーは利用されており、ヘルパーの利用を増やすことと事業所の利用日を1日増やすことで、在宅生活が続けられたそう。計画相談は始まっていて相談員もいたが、相談員がいろいろ手配したというよりは、長年サービスの中心を担っていたヘルパー事業所に、全幅の信頼をおいていて、何でも相談できたことが精神的な支えになったのではないかと思っている（もちろん事業所の職員も日中活動の中で、精神的な面もフォローしていたと思う）。

村田さんが退院されると再び3人での生活が始まった。村田さんは脳梗塞後、大きな後遺症は残らなかったものの、それまで多くの部分を担っていた美幸さんの介護はままならなくなり、ご主人と協力して二人で介護を続けていた。

そのご主人が昨年夏、以前から痛めていた腰が急速に悪化し、自宅内でも歩行が難しくなってしまった。痛い腰をかばって四つ這いで室内を移動するため、膝も痛めてしまい、ますます動けなくなってしまう。村田さんは美幸さんの介護の他、ご主人の介護まで担うことになり負担が増大。1か月半ほど自宅でご主人は療養されていたが、一向によくならず、病院で検査もしたが、特に異常は認められなかった。

その後ご主人は介護保険の手続きを行い、現在、平日の5日間は高齢デイサービスを利用され、現状維持のためリハビリを頑張っている。入浴もでき、ご主人が事業所を利用している間は、村田さんもゆっくりできるため、とても助かっているが、自宅ではベッドでの臥床生活となっており、村田さんの介護負担が減ったわけではなかった。

ご主人が介護認定を受けた時に、村田さんも介護認定を受けられたが、村田さんは「まだ自分でできるから」とサービスは利用されなかった。ただ村田さんは、介護保険のサービスについての情報収集はされていて、どんなことが利用できるのか、イメージは少しできたようだった。

美幸さんのご自宅の近所には、いとこさんが住んでいて（村田さんからすると甥や姪）、日ごろから行き来があり、緊急時にはいろいろと助けてくれている。特にめいごさんは月に1回必ず顔を出し、美幸さんが好きなネイルを行ってくれたり、美幸さんの通院時に手伝ってくれるなど、お母さんもとても頼りにされている。ただ、めいごさんにはめいごさんのご家族があり、あまり負担はかけたくないとも言われている。お母さんの気持ちはよくわかる。ただ現在使われているサービスには限界がある。

そんな中で、今までご家庭への支援は、美幸さんのサービスしか入っていなかったが、ご主人へのサービスが入ったことで、村田家の暮らしを支える支援者が増えたことに、少しほっとしている。

❼ 将来の生活の場について

村田さんは長年、ゆたか福祉会のたくさんの施設の建設運動にも携わってきており、そのつど、美幸さんの将来の生活の場を考えてこられたと思う。

福祉村ができた時は、美幸さんはまだ20代後半で、入居する選択肢は美幸さんにも村田さんにもなかったと思う。その後、2015年に法人では、初めて身体障害者の方が生活しやすいように作られたグループホームができた時も入居の選択はされなかった。

2022年4月にも新しいグループホームが開所したが、ここでも入居の選択はされなかった。ご主人の体調変化で村田さんの介護負担が増え、美幸さん自身も二次障害が進んで介護負担が増えているにも……だ。

村田さんは周囲から、ずいぶん美幸さんの入居を勧められたようだ。ただ美幸さんには「60歳までは家で生活したい」との目標があり、新しいグループホームの入居を申請するかについては、私も何度か話を聞いたが、「入れるなら死んでやる」と笑いながら冗談交じりに話されていた。ただ、私自身はこの言葉は美幸さんの本音だろうな……と思っている。

村田さんは入居については迷われている様子も見られたが、「あの子は頑固だで、入れるのは無理だわな」「できるだけ一緒に暮らしたいもんね」と入居申請を見送られた。

入居申請を見送った後も美幸さんは「おかん倒れそう」「おかん倒れたらどうしたらいい？」と生活の不安をよく口にする。すごく不安に思っているのに、なぜグループホームの入居は申請されなかったのだろう？

美幸さんが幼かった頃の一時期、名古屋で親子3人の生活を確立させるため、美幸さんが入所施設を利用され、親子離れ離れで生活していたことがあった。その時の経験は「とてもつらく」「だからこそ、もう二度と離れない」とその時に思ったと、村田さんからお聞きした。

美幸さん自身も自分がグループホームに入ると、その後、家に残ったご両親の生活の心配や不安がありり離れがたいのだろうな……。単純にグループホームで生活することが嫌だから……ということだけではないのだろうな……。美幸さん村田さん、お二人のいろんな思いがあっての今回の入居申請の見送りだったのかな……と思っている。

⑧ 自宅での生活を続ける中で

週1回の余暇支援のヘルパーさんとの外出は、ネイルサロンに行くなど、自分自身の楽しみのためももちろんあるが、生活を支えるための買い物をすることも大きな目的になっている。お父さんがお元気な頃は、買い物は主にお父さんの役割だった。お父さんが体調を崩されてからは、近くのスーパーに電話で重いものなどは頼んで配達してもらっているが、生活に必要な細々したものは、美幸さんが週1回のヘルパーさんとの外出時に購入している。買うものは結構な量になるようで、「バスや地下鉄での移動はとても大変」だと常々、愚痴られている。時にタクシーも利用されるが、病院などの通院でも使われ費用面も大変なため、買い物では極力使わないようにしているようだ。

有償福祉タクシーもあるが、気心の知れたヘルパーが運転する車を利用して買い物に出かけられたら(通院もだが)、もう少し生活するのが楽になるように思う。

現在の自宅での生活は、いろいろ大変なことも多いようだが、買い物一つとっても自分が役割を担っている、頼られていることが、生活の張りにもなっているように感じる。仮に美幸さんがグループホームなどに入居されることになった場合も、自分の役割や社会とのつながりはとても大切になると思う。

最近、村田さんと美幸さんに、もしもの時はどうしようと思っているか聞く機会があった。村田さんは「自分に何かあった時は、主人のことはどこかの施設に入れてもらうようケアマネに頼んである。美幸さんのことは、あんたたち(美幸さんの関係者)に頼んである。家族3人バラバラになるけど、思ったよりその時期が来るのが早かったかもしれないけど、仕方ないことだわね」と言われていた。

美幸さんは村田さんの話を受けて「その時はあきらめて入れるとこ（施設）に入るわ」と言われていた。

❾ 一緒に悩み、気持ちを支えたい

美幸さんの「何かあった時は施設に入るわ」は、本心かどうかはわからない。

使える制度がまったくない中で、いろんな運動・活動を自ら行い、道を切り拓いてきた村田さん。美幸さんも村田さんも、昔から人とのつながりをとても大切にして生きてこられたと思う。また現在も関わるすべての人たちとの関係を大切にされている。

美幸さん

在宅で使えるサービスは少しずつ充実してきた。重度の身体障害があっても、さまざまな支援を自分でコーディネートしながら地域生活を送っている方もおられるが、美幸さんは「宝くじがあたったら、マンションを買って、気が合うヘルパーを自分で雇って生活したい」と言われていた。私自身も、美幸さんはサービスをいろいろ使って自宅で生活を続けるというよりも、その方があっているなと思う。宝くじ……は夢物語のところがあるが、少しでも美幸さんが望む暮らしができる社会でありたいと思う。

美幸さんが目標としている60歳まであと少し。60歳になった後、美幸さんがどんな選択をされるかはわからない。私自身は異動もあるので、その選択の場に立ち会うことができるのかはわからないが、一緒に悩み気持ちを支えることができる職員でありたいと思う。

追記

本文およびコメントを書いた数か月後、お父さんがお亡くなりになった。突然のことだった。美幸さんと村田さんは二人仲良く、時に喧嘩をしながら今も自宅で生活されている。

村田さんは「美幸さんが話し相手。家族だから愚痴を言えるのは美幸さんだけ」「贅沢な願いだけど一日でも長く二人で生活したい」と言われている。美幸さんも「このまま家で生活したい」と言われている。美幸さんは「まぁ明日どうなるかわからんけどねー」とも冗談めいて言われるが、そんな美幸さん、村田さんの思いを受けながら少しでも支えになることができればと思っている。

（稲垣静佳）

CASE 4

暮らしの場への移行の「適齢期」はいつか

【母親と職員へのインタビュー調査を通して】

① 自らの人生を通して道を拓いてきた

今回、話を聴かせていただいた村田さんは、インタビュー時点で70代後半、夫は80代前半、娘の美幸さんは50代後半という3人での暮らしを続けておられた。

村田さんは、離島で生まれ育ち、20歳という若い年齢に美幸さんを出産された。当時は、障害の重い子どもたちは就学猶予や免除をされていた時代であり、当たり前のことながら島に障害のある子どものリハビリやケアを行う施設も専門職もいなかった。村田さんは、親族の反対や夫婦の葛藤など、いろいろな課題を乗り越え、美幸さんと母子二人で名古屋に出てきて、少しでも美幸さんにいいと思ったことには何でも取り組んでいった。

美幸さんにとって、何が必要か悩んだ時は、みずから新聞の取材を申し出、世間に呼びかけたりもされている。その縁で、療育や学校につながり、学校はいわゆるテストケースという扱いで、障害の重い美幸さんの進路が決まった。その後、美幸さんはゆたか福祉会を利用することとなり、村田さんも家族会の役職などを担い、現在に至る。

村田さんの子育ておよびケアは、障害児教育・福祉の黎明期からの歴史の歩みであり、重度の障害がある美幸さんの居場所や療育を求めて、あらゆるライフステージでテストケースとなり、村田さん親子は自らの人生を通して道を拓いてきた。村田さんの話は、まさに「女の一代記」を聴かせていただいたような迫力があり、力強く歩まれてこられた人生語りに引きこまれた。

自分の力や家族の協力で切り拓いてこられたからこそ、家族それぞれが年を重ねる中で、今まできていたようなことができないもどかしさ、将来にわたる不安などは到底、すべてを言葉に言い表わすことができないほど、深淵なものであると感じた。

② 子育てのスタートが後に与える影響

村田さんの子育て（スタート）は、大きな決断の連続であったように思われる。

美幸さんと二人で島を出る決意をしたときにも、親戚の障害理解の不十分さや嫁としての役割を期待されていることを感じていたものの、子どもの障害を少しでも軽減するという選択をし、それらを振り切る決意をされている。その当時、一年間、美幸さんと一緒に療育を求めて母子入院をされた経験を振り返って、「一生涯、この子にはそういうこと（療育や訓練）がついてまわる。だから田舎に帰ったらだめ」と思い、「美幸と一緒に島を出て、大海を知ったから、小さな世界に戻ろうと思わなかった」と語っている。

また、当時、美幸さんを受け入れる小学校がなく途方に暮れていたところ、ある入所施設が重い障害の子どもを受け入れる初めてのケースとして引き受けてくれた。しかし、自宅帰省は年に2回しかできないため、子どもは学校で、親は施設の家族会やＰＴＡで活動してきた経験について、村田さんは繰り返し「頑張る」と表現されている。6年間の入所施設の期間に、村田さんは、就労もし、マイホームや車を購入し、美幸さんを自宅で生活できるよう準備を進めていった。そのときに、「二度と（美幸さんのことを）離すまい」と決意をしたということである。

その後も、村田さんはゆたか福祉会の中で、GHや入所施設づくり運動の先頭に立ちながらも、美幸さんはそれらの施設を利用することはなかった。このことについて、村田さんは、「小学校のときに6年間親子で離れて暮らすことで、自立とはどういうものかわかったから、（入所施設やGHは）いらない」と語っている。

おそらく村田さん自身も早い時期の暮らしの場の移行が望ましいということは理解され、実際にそのような決断をされた仲間も多く見てきておられる中で、できる限り家族で一緒に暮らそうという固い決意をしている背景には、親族の期待に反した選択、就学猶予の経験、家族の希望とは異なるタイミングでの暮らしの場の分離など、子育てのスタート期に大きな決断を伴う自己決定を求められたり、周囲の人から心ないことを言われたり、入学を断られたりなどの社会から拒絶された経験があることが考えられる。

特に、小学校6年間の教育については施設入所する以外には確保することができず、帰省も年に2回と制限されてしまったことは、村田さんの描いていた子育てや生活のイメージとは大きくかけ離れたものであっただろう。そのような中で、母子の心理的なつながりが強化されたことや、できる限り家族で暮らし続けたいという意思が強固なものになっていったことが推察される。

ている。

③“障害者の親”としての社会参加

村田さんは、美幸さんの親であると同時に家族会やPTA活動などを通じて、障害者の親として、公的な存在としても生きてこられたとも言える。ゆたか福祉会の職員研修などでは、家族代表として職員に求めることや、激励メッセージなども送られることも多く、多くの発言記録や文章も残されている。

家族会やPTAの代表などは、一般的に今でも男性が名前を連ねることも多く、そのような中に女性であり、かつ若い世代の保護者として入っていかれた。その経験を「施設（の家族会）やPTAなどは男社会。その中で、副会長をやっていた。男社会の中で会長などもやっている人は、人間の丈が違う。ゆたか福祉会に入った時も、自分が45歳くらいのときに家族会会長は70歳くらいの男性だったけど、かわいがってもらった。その後、祭り上げられて（会長を務めて）きた」と、女性としても社会を切り拓くパイオニアである。

そして、公的な存在としての障害者の親としては、「…みんなが団結をして障害者福祉のために運動をおこしながら、共に頑張っていきたい。介護する人（職員）の生活保障がなければ親も仲間も成り立たない。私たち親も、みなさん（職員）のお給料があがるように、運動をおこします」という言葉を文集に寄せているように、職員の労働条件の保障も含めて、社会に働きかけることが親の役割の一つであること、そのための団結を呼びかけることなど、運動の先頭に立つ象徴的な役割であることも自覚されている。

村田さんをこのような役割に動かす原動力としては、やはり美幸さんの存在がある。村田さんは、語りの中で何度も美幸さんのことを「えらいな」と言われていた。そして自らの人生について「…あの子（美幸さん）と一緒に生きてきたことで、私も生かされてきた。それが仕事だった。あの子に導かれて、道しるべになってくれた」と、障害者の親として歩む自分の人生に納得されている語りを多くされている。

なぜ、美幸さんの生後早い時期から障害を受け入れ、共に生きていく覚悟を決めることができたのか、という点については、憶測の域を出ないが、その後のいくつもの逆境を乗り越え、その当時、構築の途上にあった障害の科学的認識に関わる議論や障害者の権利拡大に関する運動に触れる中で、仲間を得て、自分の居場所や役割を確保し、今に至ったことがうかがえる。

また美幸さんの居場所でもあり、そのような運動を共にしてきた法人に対する確かな信頼を高めてこられたことも語っている。今後の美幸さんの暮らしの場として、「…福祉村が移転してくるときに、新しくできる施設に（美幸さんは）入りたいと思っている。それまでのつなぎとしては、いろいろ施設を考えているけど、そこには学校などの知り合いがいる。独りぼっちではない」と述べておられることからも、旧知の知り合いがいること、いざというときは委ねられるだろうという信頼を寄せられる相手がいること、自分たち家族のことを見守ってくれる存在があるということは、実際に暮らしの場を移行させるかどうかに関わらず、絶対的な安心感につながっている。

一方で、これまで一緒に子どものケアをし、障害者運動をしてきた家族仲間が、遠方の親戚のところに引っ越したり、中には見送る機会も増えたことについて「一緒に飲み食いして、一緒に旅行して、一緒に悩んで苦しんだ友人をみていると切ない」と語っている。

④ 年を重ねる中での家族内での介護の増加と喪失感

村田さん家族においては、美幸さんは二次障害により介護度が上がり、村田さん、そして夫も相次いで病気を発症して支援が必要な状況にある。

自身が病気に倒れて以降、「人間でないような生活をしてきた」と表現し、「…車に乗ってはいけないと言われてとても惨めだった」と、それまでしていたような生活ができないもどかしさも語っておられる。そのような今の生活については、「やり残したことなどあるかもしれないけど、今まで精一杯に生きてきた。毎日、日が暮れて、いっぱい呑んでいるのは幸せな生活だと思う」と、これまでの人生を振り返って充実感もある一方で、「…今はもう精一杯だから、転んだらおしまいという覚悟はしている、綱渡りだと思っている」というように不測の事態が生じたら、生活が大きく変わることへの不安も感じておられる。

家族内でケアの総量が増えるということは、これまでの生活スタイルを変更すること、そして、外部の社会資源への依存度が高まることを意味している。社会資源への依存度が高まるということの中には、実際に福祉サービスの利用頻度が高まるということと併せて、外部の支援が補助的なものではなく不可欠な存在になり、生活が他律的になっていくことを意味している。

村田さんも「(旧知の)友人で、一緒に暮らしていた両親が亡くなった後、一人暮らしの生活が、9時から21時の間、介護サービスを使い、全部で9か所の事業所を使っている」ことについて「大変そう」と表現された。それに加え、非常に信頼していた事業所の職員が辞めていくことについて、「美幸さんのための事業所を探しても職員が辞めてしまうことがある、だからどうしようかと思って、本人（美幸さん）に聞いたら『お母さん、そういうことはよくあることだよ』と言った」というように、精神的ダメージを受けておられている様子が見受けられた。福祉労働者の処遇の不安定さとそれにより定着が難しいという問題は、村田さん親子にとって、生活の不安を生じさせる軽視できない要素となっている。

村田さんの思いとしては、今後も、公私にわたり今の生活が継続することを願っているのだろう。美幸さんのケアラーとして、あるいは家族会役員としての自分の役割を果たしながら、自身が大切に考える家族の時間や、親族との関係性が維持されることを期待している。その先に想定される暮らしの場の移行は、社会的に想定されるいわゆる適齢期よりはずいぶん遅い時期である。第2章でも考察したが、暮らしの場の移行について、家族の主観と職員の客観による判断のズレが生じていると考えられる。しかしながら、村田さんの生活歴をうかがってみると、家族でまだ暮らし続けたいと願う気持ちも了解できる。本人が考えるストーリーを尊重することの重要性を実感した。

村田さんは、以前は当事者運動のために全国を飛び回っていた時期もある美幸さんの現在について、「娘は、生きる気がない。いろんなことを切ってきて（諦めて）いる」と語っている。もしかすると暮らしの場の移行のタイミングを逸したことは、親子双方に、あるいは生活の展望をもちにくい状況を生み出してしまっているのかもしれないことも考えられる。今後、介護度の上昇や家族メンバーの看取りなど、さらに変化していくであろう家族の生活の変化に直面するたびに、さまざまな選択をし続けていかなければならない村田さんの、これまでを共有できる存在は重要であると感じた。

⑤ 人生に寄り添う専門職の必要性

長年、村田さん家族に寄り添い続けてきた稲垣さんの文章からは、これまでいろんな支援や暮らしの場の利用を提案しても、やんわりと断られてきたことが書かれている。また、「インタビューで「綱渡りのような生活」と話されていたと聞いたが、もしかすると私たち関係者が思っているより、事態は深刻なのかも…」とあるように、筆者が村田さんにインタビューをさせていただいた際に感じておられた切迫感との温度差も感じる。

なぜ村田さんは、これまで不安を稲垣さんに吐露されてこなかったのだろうか？　調査目的で一期一会の関係で接する筆者に話すのとは異なり、職員に対し、不安を口にするということは次の生活への移行の具体化へとつながるかもしれないという思いがあったのかもしれない。また村田さん自身、それをしたくない、さらには現実の問題をみたくないという思いもあるのかもしれない。稲垣さんは、在宅生活を支える事業所を増やしてはどうかという提案が受け入れられなかったことについて、「一つバランスが崩れた時の危うさが想像できるだけに、支援者としてはとても歯がゆく思っている」と書かれているように、ときにやきもきする気持ちを抱えながらも村田さんと美幸さんの選択を尊重し寄り添い続けてこられた。

村田さんにとっては、美幸さんとの暮らしの場の分離というのは現実的に想定されておらず、今後もそういう機会は訪れないかもしれない。その後の美幸さんが、自分の身の振り方を決めるときは、その時の状況で、自分なりの人生の物語に添って決めるほかない。障害の有無に関わらず、多くの人にとって今後の人生は予想がつかないものである。人生の岐路に直面したときには、自分のこれまでを知っている人、人生を共に歩んできた人と共同で方向を定めるであろう。

稲垣さんが最後に書かれているように、「一緒に悩み気持ちを支えることができる職員でありたいと思う」という言葉に表れているような、寄り添う覚悟があればそれで十分なのかもしれないとも思う。何よりもそういう関係性を、ケアを通して築けたこと自体がかけがえのないことだと思う。

（田中智子）

「親亡き後の生活を支える」
——洋平さんと母、二人に寄り添って

❶母の願い

——洋平さんのお母さんの手紙

「不本意ながら帰らぬ旅立ちとなりました。ただ一つ洋平のことが心残りですが、これも致し方ない運命です。

いつかあの世でわが子と再会した折には、今までの子不幸を償いつつ、仲よく旅を続けたいと思います。どうかその日が来るまで、洋平をくれぐれもよろしくお願い致します。

本当に長い間有難うございました。

尚、後始末、諸々の手続き等で大変ご迷惑をお掛けすることもあると思いますが、その点も重ねてよろしくお願いします。

洋平が万が一の時、葬儀は出来ませんが、仲間の皆さんのお気持ちで、お別れ会でも行っていただければ、洋平もいい思い出を持って私の所に来てくれるような気が致します。その折の費用は洋平の出費としてくださいますよう、よろしくお願いいたします。

所長様　職員ご一同様へ」

洋平さんの母、田中さんの遺品整理を後見人と行っている時に、自宅で発見された手紙です。書いた日付もなく、自分の万が一の時に備えてあらかじめ書いていたのか、それとも亡くなる直前に書いたのかはわかりません。

宛名は所長、職員宛になっているが、読まれるかどうかも保障されない手紙。

しかし、文面からは自分が洋平さんのためにやるべきことはやり切った、後は所長や施設を信頼して、大切なわが子を託すという思いが伝わってきます。

❷洋平さんと母、絆をつないでいくために

（1）洋平さんと母

洋平さんは幼少期から多動で、地域の学校に通うことが難しく、遠方の障害児学級のある学校に通わざるをえませんでした。しかし、多動な洋平さんが遠方の学校に通うのは難しく、児童施設への入所となりました。その後、父が亡くなり洋平さんは20歳でゆたか希望の家に入所となりました。田中さんはゆたか希望の家で調理員として働きながら、洋平さんと会えるのを楽しみにしていました。

母とのつながりを大事にしてきた洋平さんも、毎日、母に会うことは気持ちの安定をつくる上で欠かせないことでした。その後、田中さんは体調を崩して退職され、洋平さんは母と会えなくなった喪失感からか常同的な壁叩き、自傷行為が激しくなってしまいました。

心の支えを失った洋平さんを懸命に支える施設の職員や所長に、田中さんは信頼と安心を感じ、自分が亡くなった後のことを考えるようになります。

（2）遺言状

田中さんが80歳を過ぎたころ、当時のゆたか希望の家所長に自分の万が一の時には、すべてを法人に託したいという相談をしました。しかし、所長では田中さんの後見人になれないため、知り合いの弁護士を紹介して、一緒に公正証書役場に行き、遺言状作成に立ち会いました。

遺言状には田中さんに何かあった時は、京都にお墓を準備しているので納骨をしてほしい、将来、洋平さんが亡くなった時は一緒のお墓に入れてほしいと書かれていました。また、納骨等に関わった費用を差し引いた自分の財産は、法人に寄付したいという内容も書かれており、その遺言状の写しと家の鍵を施設に預け、代々の所長がその思いを継いでいくことになりました。

（3）高齢になった家族とのつながり

入所施設は家族との生活が分離してしまうため、親が高齢になり家庭帰省ができなくなったり、家族が施設に来るのが難しくなれば、施設が意識的に親と会う機会をつくることが必要です。ゆたか希望の家でも、洋平さんと田中さんとの食事会を定期的に行いました。また、施設行事を開催する時は、家族を招待して一緒に過ごす時間をつくり、施設での生活を見ていただく機会をつくりました。多動な洋平さんが母の隣で行事が終わるまでじっとしている、普段なら多人数で食べる食事は周囲が気になって食が進まないことが多い洋平さんが、母が隣に座って一緒に食事をしていると落ち着いて食べることができました。

私はそんな二人の姿を見て、洋平さんは言葉で自分の思いを母に伝えられないけど、行動で、全身で母に対する思いを伝えているのだと感じました。施設の用事で洋平さんの実家に行く時は、洋平さんと一緒に行き、懐かしい自宅で母と過ごす時間をつくりました。数年ぶりでも駐車場から迷うことなく実家のある方向に向かい、扉が並ぶ集合住宅の廊下で実家の玄関で立ちどまった洋平さんを見て、離れて暮らす時間が長くても家族とのつながり、実家というのは大事なものだと感じました。

❸ 託されたもの、思い

（1）遺言状の執行

田中さんが自宅で転倒して骨折、入院したと聞いたのは6月。入院が長引き、洋平さんと一緒にお見舞いに行ったときに、実は骨折ではなく内臓の深刻な病状であることがわかりました。9月に退院され、建て替わった新居での生活を始めて1か月後の10月上旬、施設に田中さんの甥から電話があり、田中さんが入院、危篤状態であることが伝えられました。すぐに洋平さんと一緒に病院へ行きましたが、医師からは週末が峠だと伝えられました。洋平さんは普段と違う様子の母に驚き、近くに寄ることができませんでした。甥と今後の対応について話しましたが、施設に全部任せたい、自分たちは関われないとのことでした。

入院して1週間後、田中さんは亡くなりました。ご遺体は引き取り手もなく、所長である私が火葬式の手配、火葬場への同行と遺骨引き取りを行いました。

その後、後見人による財産確定が翌年の5月までかかり、10か月近くたった7月末に手続きを行い、家族会代表と一緒に田中さんが準備されていた京都のお墓に納骨に行きました。私としてはようやく約束を果たせたというホッとした思いと、時間がかかり申し訳ない気持ちがあったことを記憶しています。

(2) 田中さんから託されたもの、思い

遺品整理と財産確定の中で知る田中さんの慎ましやかな生活。部屋には生活に必要な最低限のものしかなく、残した預金額からも息子のために質素な生活をしていた様子がうかがえました。

田中さんの息子に対する思い、愛情が感じられる一方、どうしても気になるのは手紙に書いてあった「いつかあの世でわが子と再会した折には、今までの子不幸を償いつつ、仲よく旅を続けたい」という一文の「子不幸」という言葉と、「償い」に込められた思い。そこにあるのは一緒に過ごせなかった後悔なのか、はたまた障害のある子に対しての贖罪なのか。

シングルマザーで、親類とも疎遠だったことが推測され、施設しか頼るものがなく、わが子の将来ため質素な生活をしていた田中さん。

遺言状のことを直接田中さんから聞き、洋平さんを託され、約束通り洋平さんを母の隣に眠らせたい、それを自分の手で責任をもって行いたいという思いがあります。しかし、あくまで個人の思いであ

り、この先所長が交代した時に会ったこともない田中さんの思いをつないでいけるのか。どんなに相手を信頼しても、自分が死んだ後では気持ちに頼るしかない、そんな田中さんの不安な気持ちにどこまで応えられたのか。

そして、障害者の親は自分が亡くなるまでではなく、亡くなった後のことまで責任を負わなくてはいけないのかという疑問。

田中さんのわが子に対する愛情、親としての責任に対して敬意を抱きながらも、「子不幸」という言葉にどうしても複雑な思いを抱かざるをえません。

（倉地伸顕）

Part 4

次世代の職員が語る家族支援『座談会』

本書では、ゆたか福祉会における仲間や家族の高齢化に伴う生活実態と、それに対する職員の関わりや思いを述べてきた。ここでは、現在の支援現場で中心的な役割を担っており、法人のこれからを支えるいわゆる次世代としても期待される10年以上の経験をもつ職員から、高齢期の家族の支援に関わる実際や思いなど、現場で感じる矛盾も含めて話していただいた。

MEMBER

● 小澤　勇太さん
ゆたか希望の家副所長（30代、勤務歴10年）

● 服部　麻由奈さん
つゆはし作業所副所長（30代、勤務歴12年）

● 早勢　滋さん
ライフサポートゆたか副所長（30代、勤務歴13年）

● 山本　真弥さん
ゆたか生活支援事業所なるお生活支援員（30代、勤務歴13年）

● 山内　良美さん
障害者相談支援センターみどり相談員（40代、勤務歴17年）

司会　大田　哲嗣さん
ゆたか生活支援事業所尾張管理者（40代、勤務歴22年）

＊座談会には高齢プロジェクトの構成メンバーも参加した。2022年11月収録。

家族支援に際してのジレンマ

大田　日常の支援現場において家族とやりとりする際に、みなさんはどのような思いでのぞまれていますか？

服部　私は日中を支える作業所で働いているのですが、率直に言って、家族の方に対しては申し訳ない思いがあります。親が、子どものことを心配になる気持ちはなくならない。一方で作業所はできることには限界があり、家族がおられる方だと急な通院の場合、帰ってもらって通院同行してもらったり、職員が個別の対応ができないこともあり、家族の方の思いにすべて応え切れていないと感じるときもあります。

家族の子どもへの思いの深さは、自分も親なので理解できます。家族との関わりで心がけているのは、最初から相談をしていただける関係にはなれないので、特に用事がなくても「お元気ですか？」と電話をかけるなど、日常的なコミュニケーションを欠かさないようにすることです。

山本　今はグループホームで働いています。以前は日中事業所で働いていたので服部さんの思いはわかります。私が気になっているのは、家族の中でも、特に母親が一番長く関わっていることが多く、そのような家族を孤立させないために、どのように職員として介入できるのかということです。

ご家族は「職員にここまで頼んでいいのかな、お願いできるのかな」と戸惑う気持ちをもたれていることを感じています。そのような中で、私たちは、どのように安心してもらえるか、あるいは前向きになっていただけるかという点で、どのような言葉かけをするのかを考えることが重要だと思っています。

山内　私は、相談員という立場で家族からお話を聞く中で、子どものことがわからなかったり、表情などから話すのが苦痛のように感じることもあり、十分に話してもらっていないことがあるのではと不安になることがあります。

子どもが0歳から一生をかけての長い期間のケアマネジメントを考えるということは、本人だけではなく家族もどう生きていくかという問題であり、そのような視点から家族から本音を聴かせていただくことは重要なことだと考えています。

小澤　私は入所施設の職員なので、出会ったときには、すでに生活の場は親と子どもで分離した状態になっています。家族と子どもが会う機会は、家族会や行事、家庭帰省など限られているため、家族の思いやジレンマなどを、どこまで汲み取ることができているのか、見落としている点はないだろうかということが気になっています。

早勢　私は、ヘルパーという立場で関わるので家族に会う機会は多いです。日頃、支援が終わった後、できるだけ家族とも話すようにしていて、その際、家族の健康面や暮らしの変化などを見逃さないように心がけています。

小澤　勇太さん

ヘルパーを利用されるのは、定期的な場合ばかりではなく、利用が1か月ほど空く場合もあるので、特にそのような場合は、本人や家族の変化がないかを心がけて見ています。

また、家族が気軽にヘルパーを利用したり、相談したりできるように、心理的なハードルを上げないように、利用中の本人の様子を伝えるときには、うまくいかなかったことだけではなく、ヘルパーをつかったときのご本人の楽しそうな様子や、ヘルパーが新しく発見した本人の想いや次に本人がやりたいことなど、家族が次にも使ってみようと思い、これからもつながっていけるよう表現などには気をつけています。

大田　みなさんが家族に対して良好な関係を保つために、さまざまな気遣いや生活の様子の把握に努めておられることが伝わってきました。そのような家族を含めて支援を考える上で、難しいと感じていることはどのようなことでしょうか？

山本　仲間と家族の高齢化が進む中で、キーパーソンが親からきょうだいやいとこに変わってきているケースが増えてきています。親ではないからこそ、ほどよい距離感があると感じる一方で、職員としては、どこまでお願いしてもよいのか、どこまで踏み込んでよいのかと考えてしまうことがあります。

また、きょうだいやいとこの場合、仕事をされていることも多く、連絡を取るにしても、土日や夜何時以降でないと難しいと言われると、日中事業所で働いていた時には、勤務体制では連絡を取ることすら難しい場合もありました。事業所としては、伝えないといけないこと、伝えたいことがある中で、調整をどのようにしていけばよいのか悩んでいます。

服部　キーパーソンだった母親によるケアが難しくなった後の、父親やきょうだいとの関わりに悩んでいます。

ある仲間のケースで、お母さんが入院することになり、お父さんが、自分がみると言われていました。職員は、大変ではと思ったが、お父さんは、「息子がいないとなると自分がダメになる」と、何とか頑張って生活されていました。期限付きだからできたけど、将来的に期限のないケアになると、親子共にどうなるんだろうと考えさせられました。

また、お母さんに先立たれた家族を、職員としても「ケア役割を果たせるか」という視点で見てしまっているところもあります。きょうだいでの関係では、子どもの頃からの家族関係や、周囲から障害のあるきょうだいを理由にいじめにあった経験などによって、きょうだいの思いも複雑で、それが現在の関係にも影響を及ぼしていると感じます。家族がどのような思いを抱いておられるのかを尊重しながら、仲間の支援をしていきたいと思っています。

山本　仲間の変化について、家族とどのように共有するか悩んでいます。私のいる事業所は、ゆたか福祉会で最初にできたグループホームなので、仲間や家族の高齢化に伴い、面会や帰省など、仲間と家族が会う回数も非常に少なくなってきています。そのような中で、仲間と家族の距離が離れすぎてしまわないように気をつけていて、電話をかけたり、お中元、お歳暮を欠かさずに送るようにしています。

家族やきょうだいは、仲間のイメージが以前会った時のままなこともあり、久しぶりに会うと、仲間の変化の大きさに驚かれることもあります。最近も、コロナ禍でしばらく会えなかった家族が仲間に会われ、「こんなに痩せたの」と驚かれていたことがありました。職員は毎日、仲間を見ているので大きな変化と認識していませんでしたが、家族にはこまめな連絡が必要だったと反省しています。

一方で、仲間も高齢になるにつれて、糖尿病などをはじめ、健康に留意しなければならない状況も出てきました。食事などの制約・制限が増える中で、家族は愛情から、仲間にとっては量の多い差し入れがあることもあり、そのような場合、どのように家族に伝えるのかを悩んでいます。仲間の体の状態を何度も伝えながら、差し入れを他のものに変えてもらうなど働きかけています。

小澤　入所施設なのでご家族と会う機会も限られている中、入所施設での生活や支援の様子を丁寧に伝える術がないと感じています。その結果、日常的に仲間に関わる現場職員と家族の関係性がつくりづらいと感じることがあります。

コロナが終息して、外出や施設の取り組みなどが増えてきたら、写真などを撮って、施設で暮らしている仲間たちの様子を家族の方に目で見える形にして、施設での暮らしの様子や行事での仲間のいろんな表情を伝えて知っていただき、仲間たちの姿を伝え安心できるようにと思います。

私自身は、入所施設は最後の砦ではないと考えています。仲間自身が選択の上で、一生の暮らしの場とされる方もおられると思いますが、グループホームなど他の暮らしの場を知らなくて、入所施設で暮らし続けておられる方もいます。仲間自身が、入所施設でいろんな経験を重ねるなかで、暮らしの場の選択が広がる実践をしていきたいと思っています。

早勢　ヘルパーとして居宅支援する中で、日中どこにも通所されてなくて、在宅におられる方が気になっています。支援者から見ると、いろんなサービスを使うことで、本人の日中活動や、生活での張りができたり、家族も自分の時間をつくれたり、いろんな相談ができる人が広がると思うので、本人や家族のＱＯＬの向上にもつながるので、日中事業所や日中一時などいろんな福祉サービスを利用するとよいと思います。

しかし、家族が高齢化してくる中で、今の生活からの変化を望んでおられないと感じるケースも多いです。職員側からすると、そのような方たちを、どのように、支援へつないでいけばよいのか、どのように支援をつくったり、つづけていけばよいか考えさせられます

山内　その点については、私も同じような悩みを抱えています。基幹相談のなかで月に1回くらい、家族だけで本人を支えていて、深刻な８０５０問題が生じているケースが寄せられる。もっと早く支援につなげておけば、日中事業所も利用できたのではと思うケースもあります。

あるケースでは、中学卒業後、日中どこにも通うことなく在宅となり、ご家族も高齢になり相談が寄せられました。相談につながった後も、本人に数年間会えず、家族が病気になったことでＳＯＳがあり、ようやく本人に会えて支援が開始されました。

家族にそれまでの思いを聞くと、「誰に頼ってよいのかわからなかった」と答えられていました。家族の方は、その時々の生活で手一杯、安定が第一で、将来にわたる具体的な見通しをもつことが難しいと感じます。

また、家族が複雑な制度の仕組みを理解するのも難しい。例えば、介護保険と障害福祉サービスの違い、認定の時期や方法、サービス内容など、家族に理解してもらうことはとても大変です。

大田　みなさんの話の中で、それぞれの職種が違っても、家族との関係をどのようにつくっていくかは、家族のことをもっと知りたいという思いと、どのように関係をつくっていくのか、共通の悩みがあって、うまく関係がつくれなかったり、どうすれば関係をつくれるのか、家族の思いに応えたいと、悩んだり、どうつくるか葛藤があったり、ジレンマなどを感じていると思います。

今までどのように家族関係をつくってきたのか、どのような思いで育ててこられたのか、そして、家族の方がどんな思いをもって子どもの親として、また、きょうだいとしての関係の中で、人生を歩まれてきたのかを知ることは、私たちが仲間たちと実践していく中では、大きな財産になります。

法人が立ち上がってきた中で、家族とともに作業所づくり運動を通して、仲間、家族、職員とつくりあってきた。立ち上げ時の職員や年配の職員は、そんな中、家族との関係が近い方もおられ、仕事の枠だけでなく、さまざまなことで一緒に考え、関わってきた。それだからできたこともたくさんある。しかし、仕事としての職員の働き方では、ボランティアのような形で取り組んでいることも多くあった。

今は、事業所と家族の関係、職員と家族の関係は変わってきています。また、社会も変わる中で、職員の働き方も変わっています。仲間のことを中心にして、今の時代の変化の中で、家族との関係をどのようにつくっていくか、いろんな模索をしています。

職員としては、家族の中で抱え込まないで、一緒に考えたい、相談してほしいと社会が変わっても思っています。家族のみなさんが、いろんな想いをもたれながら話されないことが多くあると思うが、家族の想いをまずは受けとめていき、いつでも話をきくというメッセージを送っています。家族が、本当に話したいとき、相談したいときに応えていけるようにと思っています。

そのために、行事や取り組みをはじめ、事業所での仲間たちの様子を伝えていたり、仲間たちのいろんな変化を家族と共有することを大切にしています。この間、コロナ禍の中で、特に暮らしの場では、仲間と家族、家族と職員の関係が感染予防などのために、今までみたいに自由に会う機会が少なくなってきました。より、どのように伝えるか工夫が必要なのと、コロナ前の日常が、こういった関係性の中でも当たり前でないと思います。

仲間と家族の思いの狭間で

大田　支援者から見ると、必ずしも家族の関わりが本人の最善の利益につながらないと感じる場面もあります。しかし、親が子どもを思う気持ちも尊重したいという思いもあります。どのように家族からケアを引き継ぎ、仲間の生活をつくっていくことを心がけておられますか?

山本　家族から支援方法を直接教えていただくことは重要だと考えています。新しい職員が入ったときに、家族から直接介助方法を教えていただく機会もあります。家族からコツを教えてもらうと、食事や移乗などの介助がうまくできるようになることもあります。

新しい職員が、子どもへの支援をしっかり対応してもらえるかは、家族にとってとても不安です。家族も職員に自分の支援をしてきたことを伝えることにより、新しい職員が子どもの支援方法を学び、うまくできることにより、子どもが安心して暮らしていけると実感されます。また、介護方法を学ぶ中で、親の想いも職員に伝えられ、その思いを職員が知ることにより、家族も安心されると思うので、そのような機会を大事にしたいです。

山内　家族が一番よくわかっている本人の生活パターンなど、家族しかわからない情報もたくさんあると思います。それを法人内だけではなく、法人外も含めての複数の事業所で共有していくことが難しいと感じることがあります。

地域の他の事業所とは、事業所の理念や考え方に違いがあったり、時には、当事者に対する支援のあり方の方向性が違うときもあります。どちらがよいとかではなく、ご本人を中心に考えられていますが、いろんな事業所が増えていく中で、その違いが大きくなったり、日々の情報提供のやりとりなどで課題があります

山本　支援をする中で、本当に仲間の思いを尊重できているかと思う場面があります。例えば、ある仲間が、帰省される際に散髪に行かれました。家族は子どもや職員の手間を思ってだと思いますが、「短い方がよい」と考えられ、短く切ってこられますが、仲間は「昔は髪長かったの」と話されるので、長い髪型にしたいのかなと思いました。職員としては、家族が「短くしてくる」と言われたら、仲間の気持ちを思うけど、家族の方に対して何も言えませんでした。本人と家族の思い、それぞれがある中で、職員として、どのように振る舞うべきか、悩んで

山内良美さん

います。

服部　職員として仲間から思いを聞けなかったりすると、どこまでその思いを聞きだせるかわからないということがある。親は子どものことを大切にしているので、どこまでやっても満足しないのではないかという印象がある。

早勢　本人が買い物に出かけて、自分の好きな色のものを自分で選んで買ってきて満足されて帰ってきました。家に帰って家族に買ってきてものを見せましたが、家族からは、そんないろいろのもの買ってきてどうするのと、ご本人に話されていました。支援者に対して家族から買ってきたことについての話などはなかったですが、本人は、それから買ってきたものが嫌いなものになっていました。本人の思いをどのような形で家族に伝えるか、本人の思いを大切にするか考えさせられます。

服部麻由奈さん

大田　私たちは、仲間たちの支援の中で、家族に教えてもらうことがとても多い。仲間たちの家庭での様子や、日常の家族との関わりの情報が少ないと、仲間たちの一つひとつの行動の意味がわからないこともあります。今まで家族と暮らしてきた中で、仲間たちにとってもさまざまな生活スタイルや、独自の介護方法などがあり、親と子どもの阿吽の呼吸のようなものがある。そういったことを家族から教えてもらうことで、職員も気づくことが多い。そうして、家族から教えてもらえることで、仲間たちのペースなどを知ることができ、仲間たちにとって安心できる介助を学ぶことができ、仲間たちと関わる中での、大切にしていくポイントなどを知ることができます。

障害の重い仲間たちにとって、家族は仲間の思いを伝える大切な存在である。家庭での介助方法を教えてもらうことは、仲間たちを知るうえでとても重要なことです。こういった情報が少ないと、仲間たちが一つひとつ行う行動の意味がわからなかったり、仲間たちにとっては安心できなくて、不安に感じてしまうこともあります。

仲間たちにとって、家族は仲間の想いを伝える代弁者という面があるが、仲間たち一人ひとりもいろんな想いをもっています。家族が仲間の想いを補ってもらえる時もあれば、仲間の想いと違うときもあります。家族の想いも知りながら、仲間のいろんな想いも受けとめていければと思います。

仲間たちの本当はこうしたいという想いを実現していくために家族と考えることもあれば、家族に伝えられない仲間の想いを聴き、知って共感することもある。誰かに想いを知ってもらっているから、仲間たちも家族に合わせられるときもあります。それは、家族の中でも、仲間たちが職員に伝えられない想いを聴いてもらい、職員との関係性を補ってもらっていることもあると思います。

家族と共に、仲間のことを一緒に考えていく中で、仲間たちにとって、自分のことを理解してくれる存在が広がっていくことが大切です。家族としての役割は変わらないし、家族としての責任がなくなることはないが、家族だけで担うのではなく、少し家族の肩の荷をおろし、家族自身の人生のゆたかさのひろがりにつながっていってほしい。そういった関係性をつくっていきたいと思います。それには、今の家族介護や家族の責任の大きい社会や福祉制度のあり方にも、社会に働きかける運動を通して変化をつくっていくこともしていかなければならないと思います。

これからの家族と職員の関係づくり・自分たちの次の世代へ伝えたいこと

大田　みなさんは、現場の支援では中心的な役割を担っており、法人では中堅職員という立場です。みなさんの先輩たちは、家族とは支援者と利用者というよりは、作業所運動をともにつくってきた同志のような関係でもあり、現在の関係とは異なると思います。そのような先輩たちの姿を見ながら、一方では社会福祉がサービス化した後に入職してきた次世代を育てていかなければなりません。その辺りについて、どのような思いをもっておられますか。

服部　以前、緊急で通院が必要となった父親がおられ、他に手立てがなかったので私が付き添ったことがあります。私としては、緊急で頼られたときに、一度目を断るとその後、ＳＯＳを出してもらうことができないと思い、同行することにしました。親の通院の付き添いというのは当然、業務外であり、現場では、私の同行をめぐっていろいろな意見がありましたが、その時はそれ以外の方法が思いつかなかったし、昔の職員は当然、そのようなこともしてきたと思います。

私は、制度が変わっても、この人がこうやって生きてきているというのを、途切らせることはできないと思うので、どのように事業所間で先輩から後輩に引き継いでいくのかが課題となっている。

それと親亡き後という問題について、ご家族と本音で話せる関係づくりが大事だなと思っています。「親が亡くなったら」というのは職員としても聴かなくてはならないとわかっているけれど、話題としてとても重いです。職員側から話題にしにくいが、家族にそのことに触れると、大事な話だからと話をしていただいた経験があります。親も親亡き後のことを相談したいという思いをもっておられるのだということを知り、職員がこれまで壁をつくってきたのではと思いました。

山内　家族にはいろいろな苦労があって育てられてきたことを、私たちは共感することが大切です。親子関係を切り離すというのではなく、本人、家族の思いがあるので、それぞれを受けとめていくことが大切だと思う

職員が一人で抱え込むのではなくて、事業所内で交流しながら、家族との関係づくりを考えていくことができたらと思います。ご家族亡き後には当事者の意思決定支援が重要だと思うけど、そのためにも職員の力量が問われていると思います。私も、入職時は、目の前に起きていることに対応すればよいと思っていたが、経験を積み重ねるうちに歴史が大事だと思うようになりました。家族の方の思いを引き継ぐことが大事だと思います。

山本　高齢の仲間が多いので、人生の最期を考えなければならない人が複数います。私が4年前、今の事業所に異動してきたときは、5年後、10年後の課題と思ってきたが、いつまでこの生活を続けられるのかという切羽詰まった状況になっている方もいます。職員は異動もあり、そのことは仲間や家族にとって、不安材料になるだろうけど、この事業所につながってよかったと思えるようにしていくことが大事だと思います。

仲間や家族の思いをまとめたものがないので、いざ本人・家族を看取るという場面で、どうしたらよいかわからず慌ててしまったことがあります。数年前からエンディングノートを作り、最期をどう迎えたいか、お葬式をどうしたいか、お墓がどこにあるのか、ということをこちらの考えや意図も伝えながら取り組んでいます。聞き取りを進める中で、職員に対して「そこまで考えているんだ」「そこまで託していいの」と言ってくれる家族やきょうだいもおられました。

早勢　将来の話を仲間や家族とできればよいのかなと思います。現在は、家族と将来の話をする機会が少ないのかなと思います。ヘルパーは生活の中で断片的な関わりをするので、多様な資源と連携していく必要があります。ヘルパー個人が仲間に関わる中で気づいたことを、それを共有していきたいと思います。

小澤　入所施設では、主に障害の重い方たちを、仲間を中心に据えて支援をしています。現在、本人のニーズを確かめる取り組みをしています。仲間たちがこれから、どこで暮らしたいのか、どんなことをやりたいのか、将来などの仲間の想っているニーズを、そのニーズを整備する会議を行っています。そして、地域移行をはじめ仲間たちの将来を検討しています。また、短期的なニーズも検討して取り組めるように考えています。実践を記録して仲間のニーズに合っているかを振り返っています。

山本真弥さん

支援を通じて変化したことを家族にも伝えていきたいです。どこまでいっても家族にはなれないし、家族に本当に安心してもらうことは難しいです、家族に仲間の変化を伝えながら、親の思いも受け継いでいきたいと思います。

大田　職員が、家族の思いを受けとめていくことは大切です。今まで障害のある子どもを育てる中では、さまざまな思いをされてきたと思います。そこには、子どもを育てる喜びと共に、時には、子育ての葛藤、子どもの障害への受容、家庭中心での介護の実態、社会の差別や偏見などもあり、いろんな思いをされたり、受けられてきた。そういった家族の思いを、仲間が歩む人生に、仲間と寄り添いながら歩む職員として、伝えてもらうことは、大きな財産です。

職員は、家族ではなく、家族の代わりにはなりきれない。仲間の長い人生を歩む中で、家族のみが仲間の人生に責任を負わなくてはいけないのではなく、職員として、家族の責任の重みを軽くし、その責任を託すことができるよう、取り組んでいきたい。

そのためには、家族がどんなことを担ってきたのか、そして、子どもの将来に対してどのように思われているのかを、仲間、家族、職員がお互いに話し合えることが重要になってくる。家族が仲間を託せると思える実感をつくっていくことが、仲間たちにとっても、自分の人生を歩めることにもつながっていくのではないか。

人材不足や社会の変化の中で思うこと

大田　時代の流れの中で、職員も家族も変わってきているのは否めません。またみなさんが大事にしたいことを支える制度も十分ではないと思います。次世代の引き継ぎや制度など、日常の支援の中で課題だと感じているのは、どのようなことですか。

早勢　ヘルパーで新規の利用依頼を受けるときに、自分が支援に入るのであれば受けとめられると思うが、他の職員と連携しながら、支援に入って支え続けられる継続性を考えていくと、ヘルパーの利用を受けることが難しく断らざるをえないときもある。

ヘルパーの人材不足は深刻で、支援できるヘルパーがいないというのが現実です。

ヘルパーには、いろんな方がおられるので、人となりや介護技術などさまざまな差があります。また、実質、一人職場なので、ヘルパーのそれぞれの力に大きく左右されます。同じ人間同士の関係なので、利用する人とヘルパーで相性があわないこともあります。

事業所の力を見つめなおしたときに、ヘルパー一人しか対応できなかったり、サービス提供責任者しか支援できない形だと、その時、その場は対応できるが、継続していくことができなくて、返って

早勢　滋さん

その人の生活がうまくいかなくなってしまうときもあるので難しいときがあります。本人や家族の想いに応えたい、支えたいという思いと、続けていく中での受けることが難しい現実に、これでいいのか、仕方がないのかという葛藤があります。

小澤　福祉職の人材不足は深刻で、職員不足が慢性的に起こっています。他にも、運営していくために、基本的に求められること、減算にならないようにしていくため、加算をとるために、求められるさまざまな記録や書類を書いたりすることも増えています。地域移行の事業は加算等もなく、仲間のニーズに応えていくための支援は体制上も厳しいです。

また、必要な会議も増えています。サービスの質の向上のために必要なことでもあるので大切ですし、整備することも多いですが、そういったところに時間があてられます。また、仲間の高齢化などにより、通院支援が増えたり、医療的な対応を求められることも増えてきました。

やりたいこと、やらなければならないことはあるけど、キャパシティーが厳しく、事業所としての能力が超えていると感じることがあります。福祉人材も厳しく、職員が疲弊してしまうこともあり、悪循環になっているのではと感じることがあります。

山本　ここ数年、職員が不足しており、施設の利用定員に空きがあっても利用者の受け入れができない状況にあります。職員の高齢化も進んでおり、腰痛をはじめ年齢的な健康面での身体介助や日々の業務での難しさ、仲間たちへの職員間の支援の集団化をはじめ、支援の質が担保できていません。

全体として職員がオーバーワーク気味になっており、業務時間内に仕事が終わらないことも多いです。私たちの世代にとっては当然やるべき支援だと思っていても、若い世代の職員からは、「そこまでするの？」「こんなに大変なの？」ということを言われることもあり、職員間で共通理解を深めていくことが難しいです。

そのために、ホームごとの会議や日々のやりとりの中で、仲間たちのことをたくさん話して、職員同士、どのように思っているのか知っていくことを多くしていきたい。その中で、どうして今、このことをやっているのかという私たちの想いと大切なところ、また、大変な中での楽しいことを伝えていきたいと思います。

服部　私も、若い世代の職員については、変化してきていると感じます。接遇やマナーの面などで、家族や他の職員から指摘を受けることも増えています。若い世代の職員が仕事をする上で、どのようなことを目標にしているのか、私たちが理解しきれない部分もあり、若い世代なりの現実の仕事の中でのギャップや悩みに寄り添えていないと思います。

また家族の側の変化も感じます。措置制度や無認可作業所の時代に利用を開始されたご家族は、事業所と一緒に仲間たちの将来をつくっていくという関係でやってきたと思います。時代が変わるなかで、ある程度、福祉サービスが整備され、「サービス」と呼ばれる状況の中で利用を開始されたご家族の中には、サービスの消費者という意識を強くもたれていると感じる方もいます。そのような意識に応えなくてはいけないと思い、若い職員がいっぱいいっぱいになってしまっている面もあると思います。

山本　確かに、家族会に入らないという選択をされる家族も増えてきていて、法人を初期から支えておられる家族とのギャップは私も感じています。

服部　年配の家族の方の中には、「ゆたか福祉会は、ゆりかごから墓場までを支えている」と言われる方もおられます。職員にとっては、とても重たい言葉であり、応えていきたいという思いはある一方で、墓場までとなると不安もあります。確かに、ゆりかごから墓場までがそろっていると、家族の方にとっては安心感につながる面はあると思います。「ゆたかで受けてもらえないと、どうすればよいのか」というご家族の不安を聞いたこともあります。

山本　私も、重度の障害のある方で、いろんな事業所を転々としてこられ、ゆたかで受けとめてもらえなければ、行くところがないと言われた方がおられました。実際に、その方を支援する過程で、その方を受けとめたいという思いは職員にはあったが、問題行動と呼ばれる状況も多いし、職員もどのように対応するのか、他の仲間との関係をどのようにつくっていくのかとても悩みました。今は、少しずつ生活が安定してきていると感じます。家族も少しずつ生活が安定してきている中で、グループホームでの暮らしが続けられるとホッとされています

大田　職員のみなさんのいろんな想いと、いろいろ抱えている課題などがでてきて、こういった機会は、とても貴重だと思いました。いろんな思いはあっても、仲間たちのことを中心にして取り組んでいるのは、変わらないと思います。こういったことを深めながら、仲間たちへの実践をこれからも創り合っていきたいと思います。

日々の業務が大変忙しい中、貴重な時間いただきありがとうございました。

大田　福祉現場は今、慢性的な人手不足の状況です。日々の現場でも、本当はここまで仲間に対し実

践をしたいと思ってもできないジレンマ、もっと、家族との関係をつくっていきたいと思っていても時間を取れないことが多い。また、職員にも、職員の家族との時間の大切さや、自分のために使う時間も大切です。

働く場、暮らしの場、社会参加の場での福祉サービスも増えてきています。しかし、実態としては、福祉職の人材不足はいつの時代でも課題であり、今はより深刻化しています。福祉サービスの内容も一人ひとりに合わせた暮らしをつくっていくには課題も多く、家族介護にまだまだ頼った福祉サービスである。

仲間たちの暮らしを支えていくのは、家族も社会資源としての役割であり、家庭介護の第一義的責任者ではない。家族を補完するのが社会資源ではなく、家族も含めた社会で仲間たちを支えていく仕組みになることが求められる。

社会も大きく変化している。家族のあり方や人々の暮らし、価値観も多様化し、変化している。職員も求められること、スキル、仕事への価値観は大きく変わっている。家族の仲間たちへの思いや福祉サービスを行っている事業所や職員への考え方も変化している。社会の障害者への見方も変化している。そういった時代への変化につづいて、大切にしていくこと、発展させていくことを考えていかなければならない。

家族にとっては、自分の子どものことを第一に考えてほしいのではなく、忘れないでほしい、あきらめないでほしいという思いが強いのではないか。そして、自分の子どもの人生は常につづいているので、そこに対して継続的に職員が取り組んでもらっていると見えていくことが、安心になり、つながりを強めていくのではないか。

職員として、何かすぐに形になることは少なく、できていないことは多いかもしれないが、決して忘れているのではなく、常に仲間たちのこと、そして、家族のことを意識していることを、家族と共感をつくりながら、取り組んでいくことを示していきたい。そして、こういったことを続ける中で、時には意見の違いなどが起こることもあるが、それぞれの考えを変えるのではなく、継続して仲間のゆたかな暮らしをつくっていくために、時にはお互いに自分の思いを少し横において取り組んでいきたい。

中心にある「仲間たちの豊かな暮らし」「仲間が主人公」がブレてはいけないのだろう。そして、ゆたか福祉会は、そのことを今までの歴史の中で、常につくってきたから、家族の中には、仲間たちを託せるという思いであり、ゆりかごから墓場までという、子どものことをみてほしいという思いにつながっているのではないかと思います。

仲間も、家族も、職員も、それぞれが、仲間を中心にした中で主体者として関わっていくことができること、一緒に考えていくことが大切だと思います。親だけではなく、一緒に子どものことを考える人が増え、少しずつ障害者の親という家族の責務を軽くし、人としての、親としての豊かさのひろがりにつづいていくのではないか。そして、家族の豊かさの広がりは、子どもたちも、家族に養われる存在ではなく、一人の人としての自立にもつながっていく。

今回の座談会をうけて、家族の方には、職員はさまざまな思いや葛藤、悩みはあるけれども、後ろ向きではなく、前向きに家族とともに仲間たちのことを一緒に考えていきたい。そして、仲間たちの未来に対し、もっと仲間たちが自分自身の望んでいる暮らしを実現できるように、職員としてできることに限りはあるかもしれないが、あきらめるのではなく、一緒に取り組んでいきたいと思っていることが伝わってほしい。これからも仲間たちのことを語りあっていけたらと思っています。

Part 5

過渡期にある障害者家族の姿

――老いる権利と看取る権利の確立を目指して

本書で述べてきた調査や実践を通しての考察のまとめとして、本章では現在の障害者家族の高齢期の実相をどのようにとらえるのか、また高齢期の生活や実践の諸課題を解決するために、どのような方途を見出すことができるのかについて考えていく。

それに先立ち、まず、本章のタイトルである老いる権利と看取る権利を目指しての「過渡期」という言葉の意味するところを述べておく。「過渡期」という言葉には二つの含意がある。

第一に、本書が対象としている障害者家族における親子双方における「老い」というのは、近年登場してきた課題である。現代においては、医療の進展や障害児者の生活環境の改善により、障害者の長命化が実現している（藤本（1996）*によって、就学猶予による空間の移動のない生活をしていた障害児は短命であったことが明らかにされている）。

昔も今も変わらず障害のある子どもがいる親たちは、「この子より一日長く生きていたい」と口にする。従前であれば、親よりも子どもが先に亡くなることも決して稀なことではなく、必ずしも親による一方的な思い込みとは否定できない面もあったが、長命化が実現した現在では、親がケアができなくなった後、その後に続く親亡き後の生活を想定するのが自然である。

しかしながら依然として、子どもを看取りたいという親たちの意識が存在するのであれば、それは障害者の長命化を想定とした社会的枠組みが不在であることを意味している。すなわち、障害者の老いをケアする社会資源が整備されていないことが、親たちの意識を旧態依然とした状態に留めおいているともいえよう。

今後、この意識と事実の乖離を補正し、親たちが自分の関与がなくなった後の子どもの生活を想定できるようにするために、障害のある子どもが自分よりも長生きするという事実に適うように親の認識が変わっていく必要がある。それにむけて現在は、障害のある人自身の老いを想定した過渡期と位置づけることができよう。

もう一つの意味としては、障害のある人の家族が安心して老いていくために、社会も過渡期ということである。家族の多様化や小規模化に伴い私たちの生老病死を精神的にも支える親密圏のあり方も、これまでの地縁・血縁に依拠したものから、価値観や経験を共有した社会的関係に置き変わっていくことが求められ、そのような点においても障害者・家族の高齢期実践には、先駆性を見出すことができよう。

障害者およびその家族の老いを支える仕組みを考える、それはケアにおいて家族による関与が前提であったものが、そうではなくなり、個人の人生を家族以外の人たちがメインに関わりながら支えていく、このように固定化したケア役割から家族を解放する社会へと変革する過渡期として位置づけることができよう。

1　障害者運動の歴史と共に歩んだ家族

本書が対象としている現在、高齢期にある障害者家族とは、まさに不就学をなくす運動に始まり、共同作業所づくり、暮らしの場づくりなど、子育ての歴史はイコール戦後の障害者運動の歴史を歩んだと言っても過言ではない。本書の作成に際して、多くのご家族にインタビューやアンケートという形でご意見をうかがう機会があったが、話の中に職員の個人名が出てくることも多くあり、職員と家族という立場の違いを乗り越えて、障害者福祉を切り拓く同志としての歩みがあったことがうかがえた。

本書を執筆する中で、まさにそういうご家族にお話をうかがうために、愛知県北設楽郡設楽町にある第2ゆたか希望の家（通称：福祉村）を訪ねた。福祉村は、名古屋駅からいくつか峠を越えた山間の地域にあり、車で1時間半ほどを要する。現在は、設立時と比べると新たな道路も造られ、大幅に所要時間が短縮したとのことであったが、遠いなという実感は否めない。当時は行き来するのも大変で、ここに子どもを入所させるということは家族にとっての大きな決断だったとことがうかがえる。

お話を聞いた市村さんご夫妻は息子義典さんについて、一般企業に就職して二年弱で仕事に行けなくなり、職業訓練校に通いながら進路を模索していた時期に、当時のゆたか福祉会職員の鈴木峯保さんから福祉村の構想を聞き、大いに共感し入所を決めたとのことである。その当時の合言葉は「親亡き後を託せる施設」ということで、両親は先進的な個室や小舎制の取り組みなどにとても魅力を感じ、「夢みたい」だと評していた。施設づくり運動（その当時、関係者は全国を回り福祉村構想について語っており、大阪の施設職員からゆたか福祉会の職員の熱い話を聞いて募金をしたということをうかがった）にも積極的に関わり、義典さんの入所に備えていた。

当時は、入所希望者がとても多く、地元居住者から優先的に入所ができるとの話を聞き、娘を残しての転居を決意した。義典さんは入所施設の開設と同時に利用を開始し、施設から20分ほどのところに両親の家を建て、父親は1時間以上かかる勤務先まで毎日通った。

筆者が「義典さんが入所施設を利用後は、親御さんは元の家に戻ることを考えなかったのか？」と尋ねると、「子どもとの約束だし、義典も近くに親がいるということで安心できているから」と、地元に根づく覚悟をもって父母で引っ越してきたとのこと。同時期に複数の家族が同じような事情で転居してきて近所に暮らし、近くに住む職員も含めて密な付き合いをしながらこれまで暮らしてきた。

現在、子どもも親も年を重ねて、この地域で暮らすのに不安を感じることもある。今は車が運転できるのでよいが、難しくなったら病院まで行けないということや、買い物する店が次第に減っていることなどである。また、福祉村で働く人も不足状態で、施設が規模縮小していくのはやむをえないが、自分たちが生きている間に福祉村がなくなることはないと思い、自分たちも最後まで、この地域で暮らそうと思っている。後は法人にすべてを託す心づもりをしている。現在の施設長は、地元出身者とのことで、今後も継続して働いてくれるのだろうと思うことが安心材料の一つになっている。

コロナ禍になり、親が施設を訪問することもなくなり、帰省もしなくなり、子どもに会う機会がほとんどなくなった。以前は、居室の掃除や衣替え、買ってほしいと言われたものを届けたり、定期的な通院に行っていたりしたが、それもすべて職員に任せている。最近、部屋替えをしたと聞いたが、まだ見ていない。義典さんも面会をしても、ちょっと親の顔を見たら「もういいよ」という感じで離れていく。施設からコロナ対応でテレビ電話もありますよとお知らせが来るけど、夫婦で話して「もう（やらなくても）いいかね」と思ってやっていない。今回のコロナ禍での経験は、親亡き後の予行練習みたいだと語っている。

市村さんは、施設の敷地のすぐそばに畑を借りていて、そこで家庭菜園をしている。日中、親がすぐ近くで作業していることに義典さんも気づいているだろうと思っている。直接会うことはないが、お互いに気配を感じながら生活をしているとのことである。一番の救いは、本人がここがいいと言っていることで、「お父さんは先に死ぬけどいいな」と言うと、「うん」と言う。離れて暮らす娘には、親の役割をなるべく引き継がせたくなくて、家族会にも入らなくていいと伝えている。


市村さんは、障害者施策の展開、そして、ゆたか福祉会の歩みに伴走する形で、家族の歴史も刻んできた。ゆたか福祉会の掲げた理念に共鳴し、職員にも信頼を寄せ、障害者運動にもできる形で携わってきた。また、障害者福祉施策が拡大していった時期に自治体ぐるみの政策として福祉村構想は練り上げられた。現在は、過疎化に伴う人手不足による施設運営は困難に直面している。客観的には、障害者をめぐる施策に振り回されたようにも見えなくもないが、市村さんご夫妻は法人に信頼を寄せることで、現状を受け入れているようにも思われた。

長引くコロナ禍は、多くの障害者家族に不安と混乱をもたらした。帰省や面会が制限され、親がそれまで担ってきた居室の掃除や衣替え、必要な品の購入など生活の細部にわたる目配りは職員に委ねざるを得なくなった。それは、家族にとっての大事な時間や役割の喪失と感じる人がいる一方で、市村さんご夫妻のように、自分たちが関わらない状態、すなわち親亡き後、どのように子どもの生活が営まれていくのかという見通しをもつ機会となったという人もいる。親子の距離感を変えることで、子どもを思いつつ、親たちは自分たちの「老後」を過ごしているように感じた。

2　親役割の変容を促すものは何か?

市村さん夫妻は、コロナ禍という偶発的事象により、期せずして親役割を変容するに至った。それまでは、子どもの生活の多くの部分に親として関わり、自分たちがいなければ、子どもの生活は成り立たないという意識も強かったと思われる。しかし、外在的事由により会うことが制限され、それでも、子どもの生活が安定的に営まれていることを実感することで、意識が変容していったと考えられる。

市村さんは、義典さんが幼少期の頃は障害理解が十分ではなく、厳しく接すれば何とかなると思われていた。学校卒業後に通った職業訓練校も非常に厳しい対応をするところで、休むことも許されず義典さんが行くのを嫌がっても、母と姉で義典さんを挟んで車に乗せ、無理やり連れて行ったりしたこともある。

施設入所後、義典さんが福祉村の生活に慣れるのは早かった。入所初日に少し涙が出たくらいで、入所したのが10月ということもあり、年末年始に自宅に帰省することで、年明けに施設に戻れなかったら、どうしようという親の心配は杞憂に終わり、すんなりと施設の暮らしに戻っていった。施設の暮らしは、とても自由で、親の出入りにも制限がなかったので、本人は馴染めたのではないかと思う。

このように、市村さん家族はゆたか福祉会の実践を通して、子どもが変化したことを実感する中で、ただ厳しくするだけではダメだという、障害に対する科学的な認識がもてたこと、本人なりの暮らしを立てていることを尊重する気持ちがもてるようになったこと、その結果、子どもとの関係が、常に子どものことを気にかけている幼少期のものから、大人同士の対等なものへと変わっていった。

市村さんが、ゆたか福祉会にすべてを託せると思うに至る過程のなかには、親では対応しきれない行動障害のある子どもに、職員が粘り強く対応している姿を身近で見て実感したことがある。そのような、託せる人がいるという安心感は、親子の距離感を変えていく、すなわち親役割を変容させていく上で重要な要素の一つであろう。

今回の調査の職員票の自由記述のなかに印象的なものがあった。

いろいろな職員や仲間との関わりのすばらしさ。また、彼女なりにぶつかったり、いろいろある中でも折り合いをつけて生きてきたんだなと思う。

このように障害者本人の生きざまをリスペクトする職員の眼差しが共有されることで、家族にも安心感をもたらしている。

加えて、家族の歴史を職員が詳細に知っていることも重要な点であると思う。Ｐａｒｔ１の藤原論考の中で、子どもの自立に関して、どこで誰と暮らすかという提起がなされたが、そこに求められる機能としては、前述の子どもが受け入れられるコミュニティの重要性に加えて、親から職員へとケアのバトンが引き継がれることが必要であると考える。すなわち、これまでの子育ての歴史、家族の歩みを尊重した上で、家族のケアに職員のケアを重ねることの重要性が指摘されている。職員票の自由記述には、

母は本人（子ども）の意思を尊重したいと言うものの、本人を管理していないと気が済まないと思われる言動も節々でうかがわれるのと共に、「疲れた」「もう嫌だ」「でも私しかいない」「私にだってできないことがある」ともらすのが常態化しており、かなり疲弊しているのではと気になる。ただ、親子の共通のたのしみ（外食や旅行）をモチベーションにして普段は仲がよいことも、本人を通して伝わっているのも事実である。問題視するのではなく、仲良し親子でいられるための本人の作業所での安定（変化があってもソフトランディングなりベストをつくす）と成長を見すえた支援に集中したいと思っている。

ということが寄せられた。親の関わりについて専門職の立場からは了解しがたい部分があったとしても、それを否定するのではなく、家族の関係として受容した上で支援を組み立てている。家族自身が、自分が否定されないと実感できる職員の関わりは重要であろう。そのことが家族にとってはしかるべきときにバトンが渡せる相手がいるという認識につながっているのであろう。

3 過渡期の姿としての家族のケア依存
──継続する親役割と家族も含めた法人依存

親は子どもの暮らしの場の移行後も、面会や帰省の機会を通じて、子どもの様子を把握し、ＧＨや入所施設では対応できないと考えるニーズを満たそうと努力をする。そして、その機会を1回でも多くしたいと、自らの老いや現実的に移動手段である運転免許返納などに悩む。Ｐａｒｔ１の藤原論考の中で、「なぜ、親は子どもが家に帰ることに、ある意味では拘るのだろうか。そこには、施設やグループホームでの暮らしに、どこまで「個人」が尊重され、個別の要望や意向が認められるのかという点での家族の側の懸念があるように見えた」という提起がされている。

確かに親は、職員に対して、親と同じように心を寄せ、目配りをすることを求めている面があることも否めない。しかしながら、家庭とＧＨや入所施設という規模の違い、そして、何より親と職員という立場の違い、などから、親と同じ関わりを求めても難しく、それを追求したとて「やはり家族以外には託せない」という結論以外には至らないであろう。親が求める支援は、必ずしも専門職によって客観的に把握される「必要な支援内容」あるいは「妥当な支援水準」とは一致しない場合もある。

また藤原論考では、本人のアドボケイトの課題にも言及しており、「グループホームの世話人、入所施設の職員に、必要事項の引き継ぎを行いつつも、要所要所では、「家族が関わらなければ、子どもが不利になるのでは」という言説に家族は苛まれているようにも映る。障害当事者が言語での意思表出が難しく、あるいは意思決定の援助が必要である場合、家族がアドボケート機能を果たさなければ、子どもに不利が生じることを、親は経験的に知っているかもしれない」と述べている。

これらは、親たちが暮らしの場の移行後も面会や帰省の機会を通じて、子どもたちの様子を把握し、必要であれば子どもの代弁者として、権利主張をするということを生涯をかけて自らの役割として担う姿を表したものである。確かにそのような対応は実際に現場で多く見聞きするし、求められる場面もあるだろう。

暮らしの場の移行後も現実に必要とされる役割以上のことを、あるいは一般に考えられる成人期の親子関係における親役割以上のことを、親たちがやっているとするならば、どのように考えればよいのだろうか。長年、親たちは親を超えたいわゆるケアラー役割を社会的に課せられてきた。また、自分たちが理想とする時期に子どもの暮らしの場を移行させたいと思っても、社会資源が十分に整備されていない中で叶わず、自分たちとは思うタイミングとは異なる時期にやむを得ずという選択をした家族も少なくないであろう。

遅すぎる暮らしの場の移行は、親の通常の子育てにおいて経験される子育てが一段落したという実感と、自らの「老後」を想定する機会の喪失へとつながる。親のライフサイクルにおいて、ケア役割を終えた後の自分の人生や、子どもが巣立った後の家族関係を再構築する時期を逸してしまっているのである。その結果、家族がケアに依存する状況が生じている。最近では、親亡き後から親の元気なうちに暮らしの場を移行するということが、実践的にも研究的にも良しとされる風潮がある。そのことに異議は唱えないが、現実に子どもの移行を決断できない親、また移行後も変わらず関わりを求める親を責めることはできないであろう。

昔も今も、家族がどのような形でケアを引き受けるのかは、家族の選択と責任とされてきた。障害のある子どものために、仕事を辞め、自分の趣味や交友を諦め、家庭内外で孤立しながらも、母親が膨大なエネルギーをケアに費やすことは社会的にも「よき母親」として容認されてきた。しかし、高齢になると、一転、「自立できない親」として批判の対象となるのはあまりにも理不尽である。また、母親にケアのすべての責任を押しつけてきた社会の責任は免責される。

ケアの倫理の中で、Fineman（２００４）*は、「依存に関する仕事を引き受けるのは個人の選択だとしてしまうと、社会的責任についての議論が無視される。どこか不平等だと感じても、個人の選択の結果となるや不公平さはいっさい不問に付され、現状維持が正当化される。…二次的な依存者（ケアの担い手、あるいは母親たち）が進んで、そうした地位を受けいれた――〝承諾〟した――と仮定されるが、なぜ、また、どのような形で、社会のなかで特定の人たちだけがケアにともなう犠牲を引き受けているのかを問おうとはしない。さらに、あえて女性が母親になる道を〝選択〟したと言うときでさえ（社会、また家族からのプレッシャーを度外視したとしても）、彼女が母親役についてまわる社会的条件に納得し、母親であるせいで将来、自分自身や子どもたちに好ましくない経済的影響がさまざまに表れることも受けいれたことになるのだろうか」というように、母親にケアを強制した社会の側の責任を免罪することにつながることを指摘している。

母親たちは、自分たちが引き受けてきたケアの役割と責任の重さを知っているからこそ、きょうだいには「自分の人生を大事にしてほしい」という言葉によって、ケアとどのように関わらせるか（多くは、極力関わりをもたないようにさせる）を調整するのだと思う。

　これらは、今、現在、高齢期にある家族たちの姿であり、障害者施策の進展とともに障害者の暮らしの社会資源が整備されてきた現代において、子育てをスタートさせた親たちはまた異なる高齢期の姿を見せると思われる。高齢期にある家族としては過渡期の姿であろう。今後の障害者施策の展開が、さらなる家族責任が強化される方向に向かうのか、あるいは緩和される方向に向かうのかを注視するとともに、社会的問題の当事者としての家族の声を社会に届けることが必要だと感じる。

　一方で、ゆたか福祉会は共同作業所第一号という象徴的存在でもあるが、実態としても多くの方から、職員の個人名が出てきて、法人への信頼を寄せていることが語られ、実際に、子どものみならず親の身仕舞までを法人が引き受ける実践もなされていた。家族としては、長年、障害者運動を共にし、時に法人を支えるために尽力をしてきたゆたか福祉会以外に頼ることができなかったという現実もある一方で、すべてを委ねるような社会資源と結びつくことができたという肯定的な評価をすることもできよう。そして、その関係性は、ケアをする人、される人という一方向のものだけではなく互恵的な関係もあったと考えられる。

　鈴木（２０１９）*はこのことを、共同作業所では働く障害者同士、そして職員と障害者の間に取り結ばれていた「豊かなコミュニケーション」であると表現する。それは住民の福祉観をも転換するものであり、福祉とは「安寧な暮らしを意味するのではなく、社会参加を通して自己実現を図ることにこそ目的がある」とした。

　おそらく本書に登場した家族の多くは、自らそれを体験し、実感したと思う。障害のある子どもの先行きを憂いて、孤独な子育てをする時期があったかもしれないが、信頼できる職員や同じ立場の家族との出会いを通じて、自らの障害観を変容させ、それを受け入れていく社会があることを実感したことであろう。ときに、その過程において家族会活動のような形で親自身の自己実現もされた部分もあろう。多くの仲間と共に行動し、そのことで社会を変えていけるという成功体験の積み重ねは、社会への信頼度を高めることとなる。そのような中で、障害のわが子を託せる、そして自分自身の最期を託せる場所を見出したとすれば、それは地縁や血縁のみによらない新たな共同体のあり方を示すものである。

私たちの暮らしをどのような共同体の基盤の上に成り立たせるのか、孤立化が社会問題となって久しい今日、改めて注目されるところである。高齢期の家族の問題を通して見える個と社会のつながり方は、新たな社会の模索とも言え、この点においても過渡期と言えるであろう。

4　老いる権利と看取る権利

本書を通じて、多様な側面から検討してきた障害者家族の高齢期の諸問題に対して、めざすべき解決の方途として、老いる権利と看取る権利という二つを掲げたいと思う。

老いとは心身機能の衰えが生じ、自分が歩んできた人生をどのように仕舞うのかということに向き合うことであり、誰かのケアに第一次的な責任をもつ状態ではない。このような生物学的に誰にでも不可避的におとずれることを、あえて「権利」と位置づけなければならないということは、現状においては、障害者家族はなお、老いる時期に過剰なケア役割が存在することを意味している。これらを解除し、社会に障害のある子どもの第一次的責任を委ね、親子双方に安寧な暮らしを送るための社会的手立てを保障する必要がある。

そのためには、特に暮らしの場のあり方が重要であると考える。量的な整備はもちろんのこと、質的にも家族も安心できる環境が必要である。本書での議論を通じて得られた知見として、暮らしの場において、個人化が図られていること、些細な変化を見逃さない、家族との一定の交流が図られていること、家族が支援チームの一員として尊重されていることなどが挙げられる。

もちろん、どのタイミングで暮らしの場に移行していくかということは、個々の家族の判断にゆだねられるべきだが、「老いる権利」の確立を考えるためには、障害者家族にも子育てが終了したいわゆる「老後」が想定できることが必要である。

親が自分の「老い」を想定できない、すなわち子どもの立場に置き換えると、親が自分の生活に第一次的な責任をもっていない状況を経験していないということは、大きな不安要素となる。親がケアができなくなると、それまでの自分の生活が一変することの不安、特に家族同居の場合は、自分の生活基盤そのものが揺るがされること、また暮らしの場の移行後の場合は、実家に帰省ができなくなる、すなわち生活圏のなかの親密な関係性がなくなることの不安が高じている。これらの対応のためにも、親の「老い」がおとずれる前に、親亡き後を見据えた安定的な生活基盤が社会的に準備されることが必要であろう。

今回の調査においても本人が親の高齢化に対しての不安に関する本人票の自由記述において、家族同居の場合は、

「考えるだけで怖いから想像したくない」「どんな行動をすればよいかわからない」

「一人で生きていけるか心配である」

ＧＨの場合は、

「姉が亡くなったら、帰れる家がなくなるのかな」

「今、住んでいるグループホームに住めなくなった時に帰るところがない」

という声が寄せられた。また当然のことながら、老いていく家族を心配する声も寄せられた。

家族同居の場合、

「めまいがするって言ってるから心配」

「かあちゃんの心の病気。かあちゃんと父ちゃんケンカ（が心配）」

暮らしの場の移行後の場合、

「私が会いに行かない時にさみしい思いや、寒い思いをしてないか心配。（ＧＨ）」

「姉のことが心配（例えば、家族会に参加して帰ると家についたか心配になる）（入所施設）」

などという声が寄せられた。

さらには、当たり前のことであるが、障害者本人もが親の老いや看取り・葬儀等についても悩んでいる。

「母が兄の暮らしている遠方へ行ってしまったからすぐに会えないから心配（高齢でもある）（入所施設）」「亡くなったと聞いても夜中の場合、（職員体制上）すぐに会いに行くことができないのが困る（GH）」「お葬式について（遺骨を誰が引き取るかなど）（GH）」

などの声が寄せられた。

現在の制度の枠組みでは、高齢になった家族と障害者が互いを訪問したり、ときには宿泊してゆっくりと時間を過ごすということは困難である。高齢者を支える介護保険制度や障害者総合支援法の入所施設利用者の場合には、家族を訪ねるための外出支援というものが位置づけられていない。また、入所施設やGHなどには、家族が訪ねてきたときにゆっくりと過ごす部屋なども設置基準に含まれていない。例えば、お正月に老いた親を訪ねて、テレビを見ながら家族で年を越すなどという障害がない人が当たり前にしていることが、障害がある場合は非常に困難なのである。この延長線上の問題として、親の看取りや葬儀（障害者本人が喪主になる）、墓守をするなどということを支える制度も存在しない。個人を支援の対象とした現在の福祉サービスの枠組みでは、個人と家族をつなぐことはできないのである。以上の問題を解決するには障害のある人の家族を緩やかにつなぐ「看取る権利」を確立することが喫緊の課題である。

5 職員の支援をアンペイドワーク（不払い労働）にしない
――家族支援の制度化を

老いた家族を見舞う、看取る、葬儀を執り行う、墓守をするなどということは、ゆたか福祉会では実際には取り組まれていた。しかしながら、それらは時には通常の業務の範囲を超え、職員の勤務体制や事業所の運営などに影響を生じさせる場合もあった。ゆたか福祉会の職員の聞き取りや座談会を通じて率直に感じたのは、「本当によくここまでされている」という一言に尽きる。職員もここまでやるべきなのか、あるいはやってよいのかという葛藤を感じる場面も少なくないであろう。

障害者福祉の現場は、往々にして高等部卒業後の5、60年という長期的なスパンで障害のある人の人生を支えることになる。ゆたか福祉会の職員個々人としても、数十年の付き合いをしている利用者がいる人も多くいる。職員としては、長く丁寧に寄り添ってきたからこそ、家族の思いに応えたいという気持ちがあるだろう。それは仕事のやりがいや支援の専門性の確立につながる重要な要素であり、本書の中でも長年の付き合いを通して、本人や家族の生活や心境の機微をとらえられるからこそ、変化に対応でき、暮らしを継続することにつながっている事例が多く所収されている。

調査の職員票の自由記述においても、

「ご家族も含めてご本人にも様々な日中、生活の場を見て頂き、よりご本人およびご家族が納得できる場所を選ぶことができるようサポートができたらと思います（家族同居）」、「まだＧＨなど利用していないということで、ご家族のお話をうかがいつつ、ＧＨの利用が確定したら、ご本人がＧＨでも落ち着いて過ごすにはどう支援していったらよいのか一緒に考えていく。ご本人に対しては、作業所で落ち着いて過ごしていただけるようお気持ちを汲み取りながら支援する。（家族同居）」、「多くの場面でご両親を頼りに生活をされているが、ご両親が高齢になられ始めた。今後、ご両親の役割をホームが担い、ホームでの生活をより安定させることができればと考えている（ＧＨ）」、「母からホームに支援の引継ぎをして、もし母に何かあっても、本人の生活が崩れないように支援するようにしていきたい（ＧＨ）」

などということを心がけているという意見が寄せられた。

ゆたか福祉会は、法人設立後50年を迎え、開所時から利用されている多くの当事者・家族が高齢期に一斉に突入しつつある。これまで家族が担ってきた、障害者本人に対するきめ細かな配慮や、行政手続きなどが職員に移行することで、業務量は質量ともに増大している。

また、長期にわたり関わるということは、本人の状態に合わせた居場所や暮らしの場を家族が関与できなくなった後も考えていかなければならないということで、人生の大きな決断について意思決定支援をしていかなければならないという大きな役割を背負うことになる。

この点について、職員票の自由記述においても、

「自力での歩行が困難になれば、本人の意見も考えながら生活の場も再検討する必要がある。現在は作業所に出勤しているが、年齢のことも考慮し、デイサービスの利用もはじめている。日中活動の場も選択肢として考えていきたい。現在より活動意欲が向上し、楽しめる場を見つけたい（GH）」や、「障害特性に伴う生きづらさに対して何ができるのだろうと、この方について考えると重たい。職員同士の意見交換では、本人の依存傾向や若干暴力的な行動や言動を理由に緊張しているという意見が出され、…私自身が本人との関わりについてどう示していったらほぐれるのだろうか悩む。本人も何となく解っていることも感じ、時々申し訳なく情けなくなることがある（入所施設）」

など葛藤している様子も読み取れる。

これらの支援を必要とするすべての人に保障するには、現場の職員体制を十分なものとするとともに、職員の善意に頼り無償になっている部分も大いにある家族支援を制度化していく必要があると考える。

6 障害者家族の高齢期課題は社会の羅針盤

本書の議論を通じて、現在の日本における障害者施策は、障害のある人の家族との関わりを含めた暮らしの連続性や、長命化を十分に想定していないことが明らかになった。障害者の自立を考える上では、「この子よりも一日長く生きていたい」という切なる親の思いは、当然ながら否定されなければばならないが、現状は、それを否定しきれない社会の到達になっていると結論づけることができよう。また、本書で検討してきた障害のある人・家族の高齢化問題は、社会のあらゆる問題に通底する課題であると言える。長期にわたり、ケアを必要とする障害者と歩む家族の人生も含めて、社会でどのように支えるのかということを考えることは、子育てや高齢者介護などあらゆるケアの問題を包摂するものである。

具体的に、本書から提起される内容としては、例えば、障害者家族の経済的問題を考えることは労働政策一般や、手当や年金などの所得保障制度のあり方を検討することへとつながり、暮らしの場を質量ともに充足させていくことを考えることは、日本の住宅政策一般に敷衍して考えるべき課題である。

障害者家族の高齢期課題を考えることは、社会のあり方を逆照射することへとつながる。すなわち、本テーマは、私たちの暮らす社会が、どの程度ケアを包摂できる成熟したものであるか、それをはかる羅針盤となるのである。私たちが進むべき方向性として、ケアを包摂した多様性を尊重する社会を選ぶのか、あるいはケアを排除した個人責任を強化する社会を選ぶのか、今後も現場を起点に議論を深めていきたい。

（田中智子）

＊　藤本文朗（1996）「死亡した不就学障害児の実態」『障害児教育の義務制に関する教育臨床的研究』多賀出版

＊　Martha Albertson Fineman（2004＝2009）穐田信子・速水葉子訳『ケアの絆──自律神話を超えて』岩波書店

＊　鈴木勉（2019）「社会福祉事業実践と公的責任」鈴木勉・田中智子編著『新・現代障害者福祉論』法律文化社

世界でもトップクラスの高齢化が進む日本において、今、障害のある人の高齢化、重度化が大きな課題となっている。ゆたか福祉会においても、障害のある人の高齢化、重度化は緊縛の課題だ。同時に、障害当事者の暮らしを支える親の高齢化問題もより深刻な課題となっている。

しかし、障害者家族の抱える課題は、障害者本人の陰に隠れ、こうした家族の抱える問題が取り上げられることは少ないのが現状だ。そのため、社会の理解は進んでいるとはいえない。

障害者本人だけではなく、家族も孤立しないような状況をつくっていくと同時に、支援を必要とする方々に福祉サービスなどの情報や支援が届くようにしていくことが求められている。

日本が2014年1月に批准した障害者権利条約においては、その前文において「障害者及びその家族の構成員が、障害者の権利の完全かつ平等な享有に向けて家族が貢献することを可能とするために必要な保護及び援助を受けるべき」と述べられ、家族も必要な支援を受けるべき存在とされている。また、第19条では「全ての障害者が他の者と平等の選択の機会をもって地域社会で生活する平等の権利を有することを認めるものとし、障害者が、この権利を完全に享受し、並びに地域社会に完全に包容され、及び参加することを容易にするための効果的かつ適当な措置をとる」と地域での包括的な支援を行うことが求められている。

2022年9月に国連で行われた日本への総括所見でも、上記の2点の観点からいくつか指摘がされており、今後の日本の障害者施策において、どのように勧告を活かしていくのか問われている。

本書は2019年にゆたか福祉会で行われた障害者家族、職員、利用者への実態調査や聞き取りを元に構成されている。調査を通じて、障害者家族が抱えている課題や現場の実情がより顕在化し、今後ゆたか福祉会として取り組むべき支援や事業の重要な基になった。

また、今回の調査で浮かび上がった課題は、単にゆたか福祉会固有の課題ではなく、日本の障害者家族が抱える共通の課題も内包している。そうした経緯もあり調査報告をまとめ、製本化することにより、社会に対し広く問題提起したいという想いで出版をすることに至った。

出版化については、２０２０年から何度も検討会議を重ね議論を積み重ねてきた。途中、新型コロナウイルス感染症の大流行により、一時中断する状況も発生したが、およそ4年の歳月を経て出版化にこぎつけることができた。本書は実態調査を中心に構成されているが、より現場で働く職員の声もリアルに伝えることができるように、現場職員からの実践報告や座談会なども盛り込んだ。

本書をまとめるにあたっては、多くの関係者にご協力をいただいた。特に実態調査から関わっていただき、本の構成の中心的な部分を担っていただいた、北星学園大学短期大学部藤原里佐先生、佛教大学田中智子先生のお二人には大変なご尽力をいただいた。障害者家族の研究を第一線で行われているお二人の先生方との研究事業に関わらせていただいたことは、私たちゆたか福祉会の職員にとっても貴重な学びや気づきとなった。また、検討段階から関わっていただいた、クリエイツかもがわの田島さんにも貴重な助言をたくさんいただいたことを感謝したい。

最後に、本書を読んでいただくことによって、障害者家族の抱えている問題について知っていただくと共に、障害者家族、障害のある人が、地域の中で当たり前に暮らすことができる社会の実現に向け、一緒に考えていただく機会となれば幸いである。

編著者プロフィール
藤原　里佐（ふじわらりさ）　北星学園大学短期大学部教授
田中　智子（たなかともこ）　佛教大学社会福祉学部教授
社会福祉法人 ゆたか福祉会
〒457-0852　愛知県名古屋市南区泉楽通4丁目5番地3
電話052-698-7356　FAX.052-698-7358
ホームページ http://www.yutakahonbu.com/

執筆者一覧（五十音順）　執筆担当＊社会福祉法人ゆたか福祉会の執筆者は所属のみの表記
石田　誠樹（ゆたか生活支事業所みどり）　……Part 3
今治　信一郎（ライフサポートゆたか）　……introduction／epilogue
稲垣　静佳（ゆたか作業所）　……Part 3
稲垣　伸治（リサイクルみなみ作業所）　……Part 3
大田　哲嗣（ゆたか生活支援事業所尾張）　……Part 4
倉地　伸顕（ゆたか希望の家）　……Part 3
源平　由佳（あかつき共同作業所）　……Part 3
佐藤　さと子（希望の家相談）　……Part 3
鈴木　清覺（理事長）　……prologue
田中　智子（佛教大学）　……Part 2／Part 3／Part 5
早勢　滋（ライフサポートゆたか）　……Part 3
藤原　里佐（北星学園短期大学）　……prologue／Part 1／Part 3

装画：「宇宙から見て」永田一雄さん（つゆはし作業所）「ゆたか福祉会広報」2019年5月号　表紙掲載

障害者家族の老いを生きる支える

2023年9月30日　初版発行

編著者●藤原里佐・田中智子・社会福祉法人ゆたか福祉会
発行者●田島英二　taji@creates-k.co.jp
発行所●株式会社 クリエイツかもがわ
〒601-8382　京都市南区吉祥院石原上川原町21
電話 075(661)5741　FAX 075(693)6605
https://www.creates-k.co.jp
装　　丁●菅田　亮
印 刷 所●モリモト印刷株式会社
ISBN978-4-86342-356-5　C0036　printed in japan

「ゆたか福祉会」関連書籍

循環型人材確保・育成とベトナムとの国際協力

鈴木清覚・佐野竜平／編著

A5判・188ページ　定価2,200円（税込）

障害者福祉現場の画期的なチャレンジ

人材確保に苦慮している福祉現場の挑戦。これまでの一方通行の外国人材確保・育成ではなく、共生社会の一員として位置づけた取り組み。

ベトナムの大学・社会的企業とのパートナーシップに基づき、人材の成長や未来まで考慮するビジョンで「循環型人材育成」モデルを構築する実践から、真の外国人労働者との協働を展望する。

ゆたか物語　新装版

創ってきたのは笑顔と未来

佐藤貴美子・水野敬美・藤林和子／著

四六判・316ページ　定価2,200円（税込）

日本ではじめて障害者共同作業所をつくった人々の物語

全国各地、どこのまちにもある障害者共同作業所。

そのはじまりが50数年前に誕生した「ゆたか共同作業所」である。

障害児の学校卒業後の働く場づくりから、仲間とともに成長し、日本の障害者福祉に大きな流れを作り出した人々の感動のドラマ。

20年を経て復刻・新装版の発刊。現代の若者へ源流からのメッセージ。

好評既刊本

定価表示

障害があるからおもろかった　**車いすに乗った谷口明広ものがたり**
鈴木隆子／著

夢に向かって前向きに生きる姿勢と辛口のユーモア、目からウロコの話で勇気を与え、障害を味方につけて夢を実現した谷口さんのメッセージとおもろいエピソードが満載。

2420円

専門職としての介護職とは　**人材不足問題と専門性の検討から**
石川由美／著

2000年の介護保険制度の導入以降、「介護の社会化」として、介護は社会全体で担うものとされてきているにもかかわらず、なぜ人が集まらないのか。混沌とした歴史的な経過を整理しながら、業務の曖昧さと乱立した資格制度の現状を分析し、「介護職」の今後を展望する。

2420円

現代のラディカル・ソーシャルワーク　**岐路に立つソーシャルワーク**
マイケル・ラバレット／編　深谷弘和・石倉康次・岡部茜・中野加奈子・阿部敦／監訳

豊かな生活の展望と人間社会の確立を展望するには、ラディカルな政治思想と活動に根ざしたソーシャルワークが求められている。ソーシャルワーカーとは、その専門性とは何かを繰り返し問いかけ、多様な視点から徹底的に批判的検討。

2640円

当事者主動サービスで学ぶピアサポート
飯野雄治・ピアスタッフネットワーク／訳・編

アメリカ合衆国の厚生労働省・精神障害部局（SAMHA）が作成したプログラムを日本の制度や現状に沿うよう加筆・編集。6つの領域で学ぶピアサポートプログラムのバイブル。障害福祉サービスはもちろん、当時社会や家族会をはじめとした、支え会活動すべての運営に活用できる。

3300円

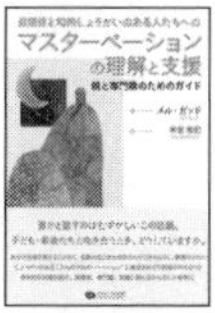

自閉症と知的しょうがいのある人たちへの
マスターベーションの理解と支援　**親と専門職のためのガイド**
メル・ガッド／著　木全和巳／訳

自分や他者を害することなく、自身の性と生を知ることができるように、類書の少ない“しょうがいのある人たちのマスターベーション”に焦点をあてた理解と支援を紹介。保護者、専門職、支援に関わるみなさんの参考に。

1980円

ごちゃまぜで社会は変えられる　**地域づくりとビジネスの話**
一般社団法人えんがお代表 濱野将行／著

作業療法士が全世代が活躍するごちゃまぜのまちをビジネスにしていく物語。
地域サロン、コワーキングスペース、シェアハウス、地域食堂、グループホーム。
徒歩2分圏内に6軒の空き家を活用して挑んだ、全世代が活躍する街をビジネスで作る話。

1980円

私が私として、私らしく生きる、暮らす
知的・精神障がい者シェアハウス「アイリブとちぎ」 河合明子・日髙愛／編著

栃木県のごくごく普通の住宅街にある空き家を活用したシェアハウス。
お金を使わず知恵を使う、誰もが使いやすい環境整備、対話のある暮らしやポジティブフィードバック……。障害をかかえた彼女・彼らが主人公で、あたり前に地域で暮らすためのヒントが満載。

2200円

---

https://www.creates-k.co.jp